LA SYNCHRONICITÉ, L'ÂME ET LA SCIENCE

« *Espaces libres* »

H. REEVES, M. CAZENAVE,
P. SOLIÉ, K. PRIBRAM,
H.-F. ETTER, M.-L. VON FRANZ

LA SYNCHRONICITÉ, L'ÂME ET LA SCIENCE

Albin Michel

Albin Michel
■ *Spiritualités* ■

Collection «Espaces libres»
dirigée par Jean Mouttapa et Marc de Smedt

Edition originale :
Editions Poiesis, 1984

Deuxième édition :
Editions Seveyrat, 1990

Edition au format de poche :
© Editions Albin Michel, 1995

AVERTISSEMENT

par Michel Cazenave

De toutes les conceptions de Jung, celles qui ont trait à la *synchronicité* sont certainement celles qui seront arrivées le plus tard en France : à ce point en retard que le texte de référence n'en a été traduit que voici peu [1], et que, pour qui ne connaît pas l'allemand ou l'anglais, le matériel disponible est encore assez rare. Citons sur ce sujet le livre capital de Marie-Louise von Franz, *Nombre et temps* [2], l'étude qu'elle a donnée dans l'ensemble intitulé *C. G. Jung et la voie des profondeurs* [3], le *Tao de la psychologie* de Jean S. Bolen [4], le dernier chapitre de *Apparitions, fantômes, rêves et mythes* d'Aniela Jaffé [5], les deux numéros consacrés à ce sujet par les Cahiers de psychologie jungienne [6], et, enfin, la section intitulée *l'Univers psychophysique* dans le Cahier de l'Herne consacré à C. G. Jung.

Fallait-il, de ce chef, en bloquer les recherches, et attendre que Jung soit lui-même disponible pour s'aventurer plus avant ? Il n'a pas semblé possible de s'en tenir à cette attitude dans la mesure, d'une part, où la notion même de synchronicité s'est assez largement répandue — parfois dans l'à peu près, et il devenait alors urgent de la rappeler à sa rigueur ; dans la mesure, d'autre part, où de larges progrès, particulièrement dans les domaines des sciences, ont été accomplis depuis le

1. C. G. Jung, *Synchronicité et Paracelsica*, Editions Albin Michel.
2. Editions de la Fontaine de Pierre.
3. *Ibidem.*
4. Editions du Mail.
5. *Ibidem.*
6. N°s 28 et 29, 1981.

début des années 50, et qu'on ne pouvait de la sorte laisser les terres en jachère.

Partant de son expérience clinique, Jung a défini en son temps la synchronicité sur deux niveaux distincts : il relève d'abord des *phénomènes de synchronicité* auxquels il a été souvent confronté dans sa propre pratique, phénomènes qui consistent dans la rencontre signifiante, c'est-à-dire porteuse d'un *sens privilégié* pour les sujets qui les vivent, d'un état psychique déterminé avec un événement physique extérieur et objectif, ou bien d'un état psychique intérieur avec un événement situé en dehors du champ de perception normalement possible de la personne (nous pouvons penser par exemple à la fameuse vision par Swedenborg de l'incendie de Stockholm, que rapporte Emmanuel Kant dans *Les rêves d'un visionnaire*), ou enfin dans " la coïncidence d'un état psychique avec un état futur qui n'existe pas encore, qui est éloigné dans le temps et qui ne peut être vérifié qu'après coup[7] ". Dans aucun de ces cas, une explication, ou même une simple liaison causale au sens physique de ce mot ne peut être trouvée — d'où la nécessité de recourir à un cadre conceptuel nouveau qui dépasse la notion de causalité, et suppose donc de ce fait un statut de la psyché qui se situe au-delà, ou en deçà, de l'espace et du temps.

C'est un fait que Jung avait nourri très tôt l'intuition d'un tel concept. En 1897, à vingt-deux ans, et avant même de connaître quoi que ce soit de la psychanalyse (et pour cause !), n'avançait-il pas déjà que " l'âme peut être conçue comme une intelligence indépendante du temps et de l'espace[8] " ? Mais cette intuition (que d'autres appelleraient peut-être un *a priori* philosophique), allait s'avérer au cours des ans, que ce soit dans l'ensemble des matériaux fournis à Jung par le grand sinologue Richard Wilhelm[9], que ce soit dans la longue étude de l'alchimie qui allait remplir les vingt-cinq dernières années de sa vie, que ce

---

7. C. G. Jung, *Synchronicité...*, op. cit.
8. Rapporté par Henri Ellenberger, *A la découverte de l'inconscient*, Fayard.
9. Lire en particulier *A la mémoire de Richard Wilhelm* et l'*Introduction à l'édition anglaise du Yi King*, à la suite du *Commentaire sur le mystère de la fleur d'or*, Albin Michel, de même que la version allemande de cette *Introduction*, assez différente de l'anglaise, dans *Synchronicité et Paracelsica*, même éditeur.

soit enfin, et surtout, comme épreuve expérimentale, par sa propre pratique de l'analyse des profondeurs.

Or, à partir du moment où il admettait l'existence de cette synchronicité " pratique " et où il tentait de la réfléchir dans un effort théorique qui l'arracherait à un irrationalisme béat et dangereux pour en rendre, précisément, raison, Jung devait alors établir une seconde hypothèse, qui était celle d'un *arrangement sans cause universel* (le mot de cause, toujours, étant bien entendu pris ici dans le sens que lui donnent les physiciens), renvoyant de ce fait à une potentialité du monde qu'avaient déjà pointée les philosophes et mystiques médiévaux, et que remettaient en honneur les principaux pères fondateurs de la physique quantique [10].

Dans la modestie épistémologique qui a sans cesse été la sienne, Jung a toujours fait cependant ressortir qu'il s'agissait de sa part d'une *hypothèse*, même si elle était hautement vraisemblable, et qu'il était nécessaire de poursuivre les recherches. Plus, " il faut clairement consentir, écrivait-il, à ce qu'il n'existe aucune possibilité d'obtenir une certitude sur des choses qui dépassent notre entendement [11] ". Cette hypothèse, en d'autres termes, relève de la nature de toutes les hypothèses scientifiques : elle n'emporte pas avec elle une garantie de vérité absolue, mais elle s'avère de plus en plus en fonction de sa valeur opératoire, de sa fécondité, et de la cohérence qui ressort avec les autres champs de la connaissance.

C'est dans cet état d'esprit que se présente ce livre : son principe est de remettre au travail la notion de synchronicité par rapport aux nouvelles avancées de la science objective, dans le double souci de vérifier d'abord s'il y a encore congruence avec ce que nous disent aujourd'hui, entre autres, la cosmologie, la physique ou la biologie, et de se demander par ailleurs, dans un effet de retour, si ce concept d'une certaine façon métapsychologique (pour ne pas dire même franchement métaphysi-

10. Voir entre autres W. Heisenberg, *Physique et philosophie* et *La Partie et le Tout*, Albin Michel ; N. Bohr, *La théorie atomique et la description des phénomènes*, Gauthier-Villars ; W. Pauli, *Aufsätze und Vorträge über Physik und Erkenntnistheorie*, Vieweg.
11. C. G. Jung, *Synchronicité...*, *op. cit.*

que à beaucoup d'égards), ne pouvait pas révéler des aspects heuristiques quant à la formulation même des théories actuelles.

On s'apercevra sans peine qu'il s'agit là aussi d'une *recherche*, qu'il faudra à l'avenir amplifier de nouveau et affirmer sans relâche. Il est presque inutile, mais pourtant nécessaire d'ajouter de ce point de vue que, dans l'esprit qui a animé la conception de ce livre, chacun des auteurs a apporté sa contribution dans une totale indépendance, et n'est donc responsable que de son propre texte. Il est de ma seule initiative que la gerbe ait été réunie.

INCURSION DANS LE MONDE ACAUSAL

par Hubert Reeves

Parler d'acausalité c'est évidemment prendre un risque. Un événement est dit " acausal " jusqu'à ce qu'on ait découvert sa cause. C'est-à-dire son appartenance au monde des causes et des effets. L'histoire des sciences c'est, en définitive, la liste des relations causales découvertes successivement entre des objets apparemment sans relation. Chaque année cette liste s'allonge : peut-être sommes-nous sur le point de comprendre l'unité des forces de la nature, ou le système de guidage des oiseaux migrateurs. Dans ce contexte qui oserait s'aventurer sur les sentiers précaires de l'acausalité ?

Mon intention ici est de décrire quelques expériences de physique qui amèneront précisément sur ces sentiers, nous donneront quelque aperçu de ce que cache ce mot privatif (a-causalité ne se définit que négativement). Nous en profiterons pour vérifier du pied le sol sur lequel nous nous engagerons.

DES ATOMES QUI EXPLOSENT

Nous nous intéresserons d'abord à un phénomène découvert au début de notre siècle : la radioactivité. Il y a des atomes qui sont instables. Le plutonium, par exemple, utilisé dans certains réacteurs. Cet atome se désintègre avec une demi-vie de vingt-cinq mille ans. Le sens précis de cette phrase est le suivant. Mille atomes de plutonium sont déposés en un lieu. Cinq cents se désintégreront dans les prochains vingt-cinq mille ans. Dans cinquante mille ans il n'en restera plus que deux cent cinquante, etc. A chaque demi-vie le nombre des survivants diminue de moitié.

On peut observer individuellement chacun de ces événements. Le noyau de l'atome se casse en deux (quelquefois en trois). On sait pourquoi il se casse. Il est trop chargé. Dans le volume minuscule du noyau, quatre-vingt-treize protons sont rassemblés. Ils possèdent chacun une charge électrique positive. La répulsion entre ces charges provoque l'éclatement du noyau et de l'atome.

Jusqu'ici nous sommes en pleine causalité. Une cause : la charge excessive, un effet : la cassure. Mais si nous demandons pourquoi *tel* atome se casse en premier et *tel* atome ensuite, il semble bien que nous plongions dans l'acausalité. La très grande majorité des physiciens s'accorde aujourd'hui pour dire qu'il n'y a là aucune raison de quelque nature qu'elle soit.

En d'autres mots, voilà un événement qui relève partiellement, mais pas entièrement du monde des causes. Nous savons pourquoi les atomes éclatent, mais pas pourquoi ils éclatent à un instant donné. Le moment de l'éclatement reste indéterminé. Il y a une certaine probabilité, mais aucune certitude, que dans la seconde à venir, la désintégration se produise. La charge électrique fixe le comportement général mais pas le comportement individuel...

On pourrait imaginer que, comme les bombes à retardement, ces atomes possèdent un mouvement d'horlogerie interne que nous découvrirons un jour. Je voudrais maintenant expliquer pourquoi cette éventualité paraît utopique.

LA MÉCANIQUE QUANTIQUE ET LE PARADOXE E.P.R.

Vers les années 1920-1930 les physiciens ont élaboré une théorie du comportement des atomes. Elle s'appelle la mécanique quantique. Cette théorie décrit correctement les phénomènes observés. Ses prédictions se sont toujours vérifiées avec une très grande précision. Depuis cinquante ans on ne l'a jamais prise en défaut. Il est évident qu'elle colle de près à la réalité.

Or cette théorie affirme que ces hypothétiques mouvements d'horlogerie n'existent pas et que le comportement individuel des atomes (instables) est strictement laissé au hasard (dans le sens décrit précédemment de l'existence d'une probabilité de désintégration). Cette théorie incorpore un aspect partiellement acausal de *toutes* les manifestations atomiques. Cet aspect s'étend bien au-delà de l'exemple des noyaux instables.

Certes la théorie n'a pas atteint son stade définitif. Les physiciens travaillent sans cesse à l'améliorer et à l'approfondir. On pourrait imaginer qu'elle se défasse un jour de ces affirmations litigieuses, tout en conservant son pouvoir prédictif et ses qualités de réalisme.

Il faut cependant ajouter que cet indéterminisme n'est pas un attribut superficiel de la théorie. Il en constitue l'un des fondements. On voit mal comment elle pourrait s'en débarrasser comme d'un vieux manteau démodé. Tous les efforts faits en ce sens sont restés vains.

En fait, récemment, on est allé plus loin. Les résultats d'une expérience de physique ont été jetés en pâture à deux groupes de théories. D'une part la mécanique quantique qui les a expliqués avec son brio habituel. D'autre part un ensemble de théories dites plus " raisonnables " qui ont en commun de rétablir le règne de la causalité. Pour elles c'est l'échec. On peut montrer que cet échec est directement lié à leurs prétentions causales.

Ici, on le voit, les assises de l'acausalité semblent bien établies. Naturellement, il ne faut pas dire " fontaine je ne boirai pas de ton eau ". L'avenir, quelquefois, nous réserve des surprises...

Il importe d'ajouter que cette indétermination disparaît généralement quand on a affaire à des ensembles de beaucoup d'atomes. Les fantaisies des particules individuelles ont tendance à se compenser mutuellement. L'un va à gauche, l'autre va à droite et la moyenne s'annule. Les objets de nos vies quotidiennes : pommes, poires, abricots, incorporent des myriades d'atomes. Leur comportement global relève du monde causal.

Il y a des exceptions. En certains cas la compensation ne se produit pas. Au contraire, il y a renforcement, par addition cohérente, des " allures " individuelles. En termes techniques on dit que les amplitudes s'additionnent. Dans un superfluide, ou dans un superconducteur par exemple. Ce sont des objets qui manifestent, à notre échelle, des attributs quantiques foncièrement indéterministes. Et le cerveau humain ? Nous sommes loin d'avoir élucidé les mécanismes extraordinairement complexes de son fonctionnement. Il est possible que les molécules associées agissent, au moins partiellement, d'une façon cohérente et qu'en conséquence elles forment des systèmes quantiques à grande échelle. Ces mécanismes interviendraient par exemple au niveau de la mémoire. Mais pour l'instant il s'agit au mieux de spéculations.

Poursuivons notre exploration du monde atomique. A notre échelle nous sommes habitués à l'idée que les propriétés des objets sont localisées sur les objets. Au Bon Marché, telle robe coûte 159 F, telle autre 259 F. Le prix est fixé sur chaque robe au moyen d'une étiquette. Cette notion intuitive, qui nous paraît bien en accord avec la réalité, s'estompe à l'échelle atomique. Particules et propriétés sont situées dans un volume d'espace. Dans ce volume, particules et propriétés ne sont plus localisées en un point donné mais " diluées " dans l'espace. Cette dilution est représentée par une " fonction d'onde associée ".

Cet étalement des propriétés a pour effet que les particules restent en " contact " quelle que soit la distance qui les sépare. Ce qui arrive à l'une influence instantanément ce qui arrive à l'autre, même si des années-lumière les séparent. Il ne s'agit pas d'un message télémétré avec une vitesse infinie, mais d'une présence continuelle de toutes les particules dans tout le système, qui ne s'interrompt pas une fois qu'elle a été établie.

Ce sujet encore controversé porte, dans la littérature, le nom de " paradoxe d'Einstein-Podolsky-Rosen ou E.P.R. ". Ce paradoxe trouve sa solution quand on reconnaît que la notion de localisation des propriétés n'est pas applicable à l'échelle atomique.

LA LUEUR FOSSILE

Du monde des atomes nous passons maintenant à l'échelle astronomique. L'observation des galaxies nous apprend que l'univers est en expansion. Nous avons toutes raisons de croire que cette expansion a débuté, il y a quinze milliards d'années, par une fulgurante explosion impliquant toute la matière observable.

L'éclat de cette explosion persiste toujours dans l'espace extragalactique. On observe au radiotéléscope une lueur, dite " fossile ", constituée de cette lumière initiale, réfrigérée et affaiblie par l'expansion.

Cette lueur qui nous arrive " du fond des âges " nous renseigne sur l'état de l'univers à ses premiers temps. Que j'observe à l'est, à l'ouest, au nord, au sud, la lumière que je reçois est exactement la même. Cette observation nous apprend que les atomes qui, il y a quinze milliards d'années, ont émis ce rayonnement étaient tous à la même température.

Cette observation préoccupe beaucoup la communauté astronomique. Pourquoi ? Parce que nous avons d'excellentes raisons de penser que ces atomes n'avaient pas et n'avaient jamais eu de " relations causales ". Ces mots prennent ici une connotation particulière qu'il me faut expliciter.

On admet traditionnellement que la cause précède l'effet. La physique ajoute que, de surcroît, il y a toujours un certain retard. Les causes se transmettent par des phénomènes physiques. Et ces phénomènes ne se propagent pas plus vite que la lumière. Les relations causales exigent un délai dont la durée est reliée à la distance. Quand je vois le Soleil disparaître à l'horizon, il y a déjà huit minutes qu'il s'est couché. La lumière met huit minutes à parcourir la distance Soleil-Terre.

Un télégramme envoyé vers Sirius ne sera reçu que dans huit ans. Il m'est impossible d'alerter aujourd'hui l'attention d'un Sirusien. Quand les atomes ont émis la lueur maintenant fossile, l'univers était très jeune. Le temps écoulé depuis le début était trop court pour que ces atomes aient pu s'influencer mutuellement par des relations causales. Comment, dès lors, sont-ils arrivés à avoir très exactement la même température ? Comment le mot d'ordre fut-il transmis ?

On peut se poser la même question vis-à-vis de l'ensemble des lois de la physique. L'observation des galaxies les plus lointaines nous montre que tous les atomes obéissent très exactement aux mêmes lois dans tout l'univers, même si ces atomes n'ont jamais eu de relations causales entre eux. Ici se pose le problème fondamental de l'existence même de ces lois. Par quels décrets furent-elles instaurées et rendues publiques ? Là encore nous sommes en plein mystère.

Y a-t-il un lien entre ce problème et celui dont nous avons discuté précédemment ? La difficulté viendrait-elle du fait qu'à nouveau nous insistons pour localiser les propriétés sur les particules ?

Ici le système qui nous intéresse comprend tout l'univers. La description quantique fait intervenir des fonctions de probabilités qui assurent le contact acausal décrit précédemment. Est-ce que cette vision quantique pourrait nous aider à comprendre l'homogénéité de la température initiale ainsi que l'omniprésence des lois ? Ce n'est pas *a priori* exclu, bien qu'il soit difficile de poursuivre plus avant cette démarche.

Le terrain ici n'est pas très solide. Il se peut qu'on trouve une explication causale à cette température homogène des atomes responsables de la lueur fossile. La physique des premiers instants, encore bien mal connue, nous réserve peut-être des surprises. Aujourd'hui, dans le cadre des interprétations généralement acceptées, cette explication n'existe pas et les astrophysiciens se posent des questions sur ce mystérieux " savoir " de la matière.

LE PENDULE DE FOUCAULT

Nous passons maintenant à des événements à notre échelle. L'expérience se fait avec un pendule très lourd qui peut osciller pendant des heures. On observe que le plan défini par le va-etvient du pendule — le plan d'oscillation — tourne au cours des heures autour de l'axe vertical. Ce plan est animé d'un mouvement de rotation par rapport à notre planète. Par contre il n'a pas de rotation par rapport à l'ensemble des galaxies les plus lointaines. En d'autres mots, si je lance le pendule dans la direction d'une galaxie lointaine bien déterminée il gardera, par la suite, cette orientation. Plus précisément si une galaxie lointaine se trouve au départ dans le plan d'oscillation, elle y restera.

Tout se passe comme si le pendule en mouvement choisissait d'ignorer la présence, près de lui, de notre planète, pour orienter sa course sur les galaxies lointaines dont la somme des masses représente la quasi-totalité de la matière de l'univers observable. Pourquoi? Quelle est la force mystérieuse qui véhicule cette influence? Le physicien Mach a proposé d'y voir une sorte d'action du " global " de l'univers sur le " local " du pendule. Il ne s'agit pas d'une explication mais plutôt d'une intuition difficile à traiter et à modéliser sur le plan de la physique traditionnelle. Cette action, manifestement, ne passe par aucune des voies d'échange classiques. Rien ne nous autorise à penser qu'une télémétrie quelconque de nature causale existe entre ce global et ce local. Le mot d'omniprésence et la notion de " non-séparabilité " semblent beaucoup plus appropriés.

Sommes-nous autorisés à voir ici, à nouveau, une manifestation d'un niveau acausal de la réalité? Oui, en ce sens que jusqu'ici aucune explication causale n'a été donnée. Mais il faut être prudent : la théorie sur laquelle on s'appuie ici, celle de la relativité généralisée, est loin d'être définitive. Elle repose sur des bases observationnelles assez réduites. Il se peut qu'un jour elle rende compte causalement du comportement du pendule de Foucault. Pour l'instant ce n'est pas le cas.

Notre incursion nous a montré trois manifestations d'un comportement matériel qui échappe à la causalité. Cette conclusion semble solidement établie dans le cas de la première manifestation : la radioactivité. Les deux autres cas sont plus fragiles. Une analyse plus poussée nous a menés à percevoir une influence de la matière sur elle-même, qui n'implique aucun échange d'information au sens de la physique traditionnelle. Une sorte d'omniprésence de la matière indépendamment de toute localisation et de toute vitesse, c'est-à-dire de l'espace et du temps.

Essayons d'aller plus loin. Ce plan acausal sous-jacent à l'existence des lois de la nature pourrait aussi sous-entendre également cette mystérieuse tendance de la matière à s'organiser et à se structurer pour acquérir des propriétés nouvelles dites " propriétés émergentes ". L'histoire de l'univers nous montre la lente progression qui fait passer la matière de la simplicité à la complexité toujours croissante.

De l'état de quarks, on accède à l'état de nucléons, puis d'atomes, puis de molécules de plus en plus complexes, puis de cellules, puis d'organismes variés jusqu'à l'être humain. La conscience est, à notre connaissance, l'ultime propriété émergente de la matière qui s'organise.

Dans cette optique le plan acausal, découvert dans les manifestations décrites auparavant, serait celui sur lequel s'inscrirait la question du " sens " ou de " l'intention " dans la nature. Sur ce plan intemporel, la conscience de l'homme appartiendrait à l'univers comme inscrite dans son évolution.

J'ai conscience de m'aventurer sur un terrain de plus en plus fragile. J'invite le lecteur que la notion d'une " intention dans la nature " rebute, à me quitter en ce lieu. Je ne lui prouverai rien. Au mieux je lui dirai comment je sens les choses. S'il les sent autrement, libre à lui. Je respecte son opinion mais ne la partage pas.

Nous retrouvons ici des thèmes chers à C. G. Jung. Il raconte comment, après discussion avec son ami le physicien Pauli, il a été amené à ajouter aux trois grandes entités de la physique classique, lois de conservation, continuum espace-temps, causalité, une quatrième entité nommée " synchronicité ". Par ce mot il veut décrire l'existence d'événements que d'une part on ne peut pas expliquer par le jeu des causes et des effets, mais qui d'autre part ont un " sens " reconnu par l'observateur.

Dans son livre " Synchronicity ", Jung appuie son argumentation sur les expériences d'ESP [1] de Rhine qu'il tient comme hautement significatives. A mon sens il montre là une confiance un peu naïve envers les statistiques. Le physicien est, par métier, habitué à beaucoup plus de résistances... Jung s'appuie aussi sur une étude statistique des signes astrologiques des couples mariés. Là encore il m'est difficile de le suivre. Je préfère les arguments qu'il tire de sa propre pratique et que chacun peut corroborer par son expérience personnelle. La rencontre d'une personne qui change votre vie, a-t-elle un sens quelque part ? etc.

Ces événements, selon Jung, ne sont pas isolés mais appartiennent à " un facteur universel existant de toute éternité ". Nous reconnaissons là le langage de notre incursion précédente. Le facteur psychique que Jung associe aux événements dits " synchronistiques " n'est pas surajouté à une nature impersonnelle. Il est significatif de la très grande unité, sur tous les plans, de notre univers.

Ces spéculations sont-elles futiles et creuses ? Je ne le crois pas. Il s'agit plutôt d'intuitions exprimées par des balbutiements maladroits. Les mots mêmes nous font défaut.

1. *Extra Sensory Perceptions :* perceptions extra-sensorielles.

SYNCHRONICITÉ, PHYSIQUE ET BIOLOGIE

par Michel Cazenave

Il est toujours difficile de vouloir parler de la synchronicité dans la mesure où, par rapport à l'œuvre proprement scientifique de Jung, c'est sans doute le domaine où il est, de prime abord, le plus facilement suspect de mystique, quand on ne parle pas franchement de magie.

Il suffit d'ailleurs de voir comme la notion même de synchronicité est couramment connotée de l'aura du miracle, pour y manifester de la méfiance et ne l'admettre qu'en dernière instance. Ce qui revient à dire que la bonne méthode, aussitôt qu'on est confronté à un phénomène apparemment synchronistique, est d'en rechercher d'abord, et à tout prix, toutes les explications causales possibles — et de ne faire appel à la synchronicité qu'à partir du moment où ces explications sont épuisées et sont demeurées inopérantes.

Si cette prudence scientifique était utilisée comme il se doit, combien de cas de synchronicité s'évanouiraient aussitôt ! Mais il est vrai que le penchant à ce type de recours est particulièrement tentant, dans la mesure où la synchronicité, dans son essence, s'appuie sur des activations archétypes, et se trouve soumise de ce fait non seulement à une possibilité, mais presque à une tendance innée à l'inflation sans contrôle.

Il y avait sans doute là un préalable à poser dans toute sa rigueur : on ne fera appel à la synchronicité comme principe d'explication — ou peut-être vaudrait-il mieux dire d'explicitation — d'un phénomène " aberrant ", que si on y est expressément forcé par ce qu'il faudrait appeler une preuve *a contrario*.

Cette réserve faite au départ, il n'en reste pas moins, et la clinique est là pour le montrer, que la synchronicité se manifeste en effet, et qu'il est urgent de ce fait de tenter de la penser — et de la penser plus avant que ne l'avait pu faire Jung en son temps, à la lumière des percées des sciences contemporaines. Car il est étonnant de se rendre compte à quel point cette notion, qui a sans doute représenté l'une de ses avancées théoriques parmi les plus audacieuses, à la fois du point de vue de la psyché, par ce qu'elle disait de la nature de l'inconscient, et dans sa recherche de liens avec les sciences exactes (principalement la physique et la neurobiologie), n'a pratiquement donné lieu à aucun travail nouveau de réflexion et de mise en œuvre épistémologique — comme si la synchronicité, au fond, avait elle-même fonctionné de cette manière mystique (ou magique) chez ceux qui en faisaient usage.

Marie-Louise von Franz, sur ce point, a bien été la seule qui ait repris l'œuvre à son compte et qui, en explorant l'archétype de l'*Unus Mundus*[1], en même temps qu'elle tentait de mener à leur terme les réflexions du dernier Jung sur la conception des nombres en tant qu'archétypes de l'ordre et de l'unité psychophysique virtuelle de l'univers[2], ait réellement fait progresser le problème et nous ait permis aujourd'hui de le poser dans des termes nouveaux.

Le lecteur comprendra sans difficulté que, dans une étude aussi brève, nous fassions comme s'il connaissait déjà les travaux de von Franz à ce sujet — en l'invitant expressément à s'y reporter et à les méditer s'il ne les avait, d'aventure, pas

1. Voir spécialement à ce sujet, *Alchemical Active Imagination*, aux Editions Spring, et l'approche qui y est effectuée de l'*Unus Mundus* selon Gherard Dorn.
2. Se reporter évidemment à *Nombre et temps*, aux Editions de la Fontaine de Pierre ; à l'article de M. L. von Franz, *Symboles de l'Unus Mundus*, qui synthétise ses travaux, dans *C. G. Jung et la voie des profondeurs*, sous la direction d'Etienne Perrot, aux mêmes éditions, ainsi que sa *Psychologie de la divination*, Editions du Mail, repris en Albin Michel, « Espaces libres ». On peut aussi se rapporter, en anglais à *Rythm and Repose*, Thames and Hudson. Voir enfin l'étude de M. L. von Franz qui conclut ce livre.

encore étudiés. De la même manière d'ailleurs que nous tiendrons pour acquises les réflexions de Pierre Solié, exposées dans ses différents livres [3] et reprises ici même dans son étude *Synchronicité et unité du monde.*

Dans une démarche complémentaire, nous voudrions simplement insister beaucoup plus ici sur les aspects proprement scientifiques et les conséquences philosophiques — ou métapsychologiques — du concept, en ne perdant toutefois jamais de vue que la science, comme l'a suggéré Pauli, peut être elle-même infiltrée par des projections de l'inconscient [4], et que toute philosophie, comme Jung l'a bien montré [5], est l'horizon de la psychologie par l'injonction qui en est faite, en même temps qu'elle suppose un saut du domaine de la psyché à celui de l'être, de la psychologie à l'ontologie, qui n'est pas lui-même exempt de notations archétypes, et que la psychologie ne peut par elle-même justifier, mais qu'elle peut éclairer tout en gardant leur autonomie à chacun de ces deux domaines.

C'est donc une voie étroite, particulièrement périlleuse, que nous voulons explorer — et que nous tenterons de suivre en nous rappelant sans cesse comme elle peut être critiquée — plus, comme elle *doit* être critiquée.

LES OISEAUX ET LA MORT

Afin de nous munir de quelques matériaux, il est peut-être plus sage de commencer par analyser un cas concret de synchronicité que propose Jung dans son œuvre, et d'essayer

3. Voir *Médecine et homme total*, aux Editions La Colombe puis Retz ; *Psychanalyse et imaginal*, aux Editions Imago, et surtout la première partie de la *Femme essentielle*, aux Editions Seghers, Collection l'Esprit jungien. Se reporter aussi aux articles *Ouverture sur l'Unité du monde*, Cahiers de psychologie jungienne, n° 28, et *Biologie et psychologie analytique*, dans le Cahier de l'Herne consacré à C. G. Jung.
4. Voir les suggestions de Wolfgang Pauli sur des études parallèles en psychologie et en physique, et sur la nécessité de recherches sur l'origine intérieure des concepts scientifiques : *Natürerklarung und Psyche*, Zurich, 1952.
5. Voir les dernières pages du *Mysterium conjunctionis*, t. II, Albin Michel. Se reporter aussi au chapitre : *Psychothérapie et conception du monde*, dans *La Guérison psychologique*, Ed. Georg et Cie.

d'y trouver quelles en sont les composantes essentielles. Il serait tentant à cet égard de parler du fameux scarabée que tout le monde connaît si bien, le *Cetonia Aurata* qui fait tellement image. C'est pourtant dans la mesure où il remplit précisément ce rôle que nous ne retiendrons pas l'exemple — et où il est d'ailleurs susceptible d'une interprétation qui ne fait que déplacer le problème.

Quand il expose le cas, en effet, Jung fait expressément l'hypothèse d'une cryptomnésie possible, et ne craint pas d'écrire ensuite, dans un autre registre, que " le rêve du scarabée est une représentation inconsciente émanant de l'image, déjà existante inconsciemment, d'une situation qui se produirait le lendemain, à savoir le récit du rêve et, sur ces entrefaites, l'apparition du hanneton [6] ". La synchronicité, ici, se réfère en fin de compte à la clairvoyance, ou au rêve prémonitoire dans une transgressivité par l'archétype des lois apparentes de la nature — ce qui en revient à dire que le cas synchronistique se rabat sur une autre forme de manifestation de la synchronicité, dans un phénomène de boucle qui en bloque en partie l'étude.

Bien plus significatif se présente au contraire le second cas de Jung, que nous rappellerons brièvement : " La femme d'un de mes patients quinquagénaire me rapporta un jour dans la conversation qu'à la mort de sa mère et de sa grand-mère un grand nombre d'oiseaux s'étaient rassemblés devant les fenêtres de la chambre mortuaire, histoire que j'avais déjà entendu raconter par un certain nombre d'autres personnes. Alors que le traitement de son mari touchait à sa fin, sa névrose ayant disparu, on vit apparaître pour la première fois chez lui de légers symptômes que je rattachai à une maladie de cœur. Je l'envoyai voir un spécialiste qui, au premier examen, ne put, ainsi qu'il me l'écrivit, rien constater d'inquiétant. En rentrant chez lui de cette consultation, le compte rendu médical en poche, mon patient s'affaissa subitement dans la rue. Pendant qu'on le ramenait chez lui mourant, sa femme se trouvait déjà plongée dans l'inquiétude la plus angoissante : à peine en effet

6. C. G. Jung, *Synchronicité et Paracelsica*, Ed. Albin Michel.

son mari était parti chez le médecin, que tout un essaim d'oiseaux s'était abattu sur sa maison. Elle s'était naturellement rappelé immédiatement ce qui s'était produit d'analogue lors du décès de ses parents et avait craint le pire[7]. "

Nous sommes ici en effet devant deux séries d'événements que l'on ne peut relier entre elles d'aucune manière rationnelle, qui produisent pourtant un *sens* dans le même temps qu'elles s'inscrivent dans une *réalité physique objective*, et qui dénotent par ailleurs l'activation d'une constellation archétypique déterminée — puisque nous ne pouvons pas faire l'impasse sur toutes les anciennes traditions de l'augurat par les oiseaux (étant bien entendu qu'on ne considère en aucun cas cet augurat comme une *science*, mais comme une technique particulière de manifestation de l'inconscient le plus profond dans ses méthodes d'interprétation), et qu'on en retrouve encore aujourd'hui les traces dans l'expression communément répandue d'un " oiseau de mauvais augure ".

En dévidant cet exemple, on s'aperçoit vite cependant comme toutes les implications de la synchronicité apparaissent les unes après les autres.

Si on admet en effet (et il paraît difficile, nous venons de le montrer, de ne pas l'admettre dans l'exemple exposé), que " des cas de coïncidences signifiantes — qui doivent être distingués de simples groupes de hasard — paraissent reposer sur des fondements archétypiques[8] ", on admet du même coup qu'à une correspondance dans le temps, et dans un temps simultané, d'un état matériel avec la sphère du psychique, correspond une détermination précise de l'archétype comme énergie psychophysique, ou comme énergie antérieure à une éventuelle séparation des deux domaines que nous percevons comme séparés dans notre réalité quotidienne — et nous aurons à revenir sur ces formulations éventuelles.

Il faut noter d'autre part que le phénomène de synchronicité n'existe que parce qu'il *fait un sens*. La rencontre d'un trépas et d'un amas d'oiseaux qui se forme, n'est vraiment une rencontre

7. C. G. Jung, *Ibidem.*
8. C. G. Jung, *Ibidem.*

que pour la personne concernée, qui la vit comme particulièrement signifiante et qui, dans ce vécu, se pose comme un sujet. Encore faut-il s'entendre sur ce mot : car la femme dont parle Jung n'est pas une simple observatrice qui regarde les choses du dehors. Pour une telle personne, les oiseaux qui s'abattent sur le toit d'une maison ne lui diraient strictement rien. De fait, c'est une chaîne qui se forme entre le sujet qui observe et le sens qui s'impose à ce sujet, et qui fait de ce sujet un participant à l'événement qui, dans un double mouvement, reçoit et donne le sens à la scène qu'il perçoit.

La troisième caractéristique de l'événement synchronistique, consiste en ce que ce ne sont pas seulement les relations rationnelles, mais plus profondément, les relations causales de l'ordre spatio-temporel, qui semblent s'y évanouir. Le scarabée, d'une certaine manière, pouvait être conçu sur le mode d'une causalité rétrograde — puisqu'à adopter jusque dans son audace l'hypothèse de la prémonition, on admet encore un déroulement temporel, la synchronicité devenant alors comme la manifestation explicite de la transgressivité de l'archétype. Or, dans le cas de la simultanéité de deux événements physiques indépendants qui font pourtant un sens pour un sujet donné, à tel point que de l'un on peut pratiquement en inférer l'autre dans le cas de " la femme aux oiseaux ", ou de la rencontre d'un événement physique avec une attitude psychique, c'est la causalité qui disparaît. Toute la physique nous apprend que si A engendre B, B est postérieur à A, et qu'il a fallu une séquence temporelle, aussi minime soit-elle, pour que l'effet soit sorti de la cause. Aussi doit-on en tirer la conséquence que la synchronicité supprime, annule, ou provient d'" en dehors du temps " — et il faudra là aussi s'expliquer sur ces mots.

Le quatrième facteur de la synchronicité est de mettre ouvertement en jeu ce que Jung a appelé la zone psychoïde en l'homme. En partant en effet de l'événement synchronistique comme a-causal et donc a-temporel, et en constatant d'autre part l'effet de sens qu'il produit chez le sujet qui le vit, Jung doit nécessairement en arriver à la conclusion que non seulement on se trouve confronté là à une activation archétype qui a à voir simultanément avec la psyché et la matière, mais encore que cette activation se produit, ou est portée par une personne singulière qui unit en elle, et par le biais de l'archétype, ce double aspect psychique et physique. Quand il écrit par exemple qu'« une explication causale de la synchronicité apparaît comme exclue... Celle-ci consiste essentiellement en correspondances " fortuites ". Son *tertium comparationis* repose sur des données psychoïdes que je désigne du nom d'archétypes. Ces derniers sont indistincts, c'est-à-dire ne sont qu'approximativement perceptibles et définissables. Sans doute ils sont concomitants aux processus causaux, c'est-à-dire " portés " par ceux-ci, mais ils en dépassent en quelque sorte le cadre, d'une manière que je qualifierai de *transgressivité*, en tant qu'*ils ne sont pas nettement et exclusivement constatés dans le domaine psychique seul, mais peuvent aussi bien apparaître également dans des circonstances non psychiques*[9] », quand il écrit donc ces mots, il referme bien entendu la boucle tout en l'élargissant du même coup, puisque le *tertium comparationis* est tout autant le sujet qui est en train de vivre l'événement, en sorte que, par le biais de cette notion de psychoïde, il procède à une nouvelle opération : l'homologie de la constitution humaine à la constitution de l'archétype, qui fait que, dans un double mouvement qui est pourtant intérieurement identique, notre organisation psychosomatique porte l'archétype, de même qu'on pourrait dire que l'archétype fonde notre manière de considérer la psychosomatique.

LE MONDE A-T-IL UN SENS ?

A partir du moment où on adopte toutefois ce point de vue, les conséquences logiques sont à nouveau contraignantes et forcent à avancer l'hypothèse d'une conception générale de l'a-causalité, de l'a-temporalité, qui ne peut fonder les événements synchronistiques dans leur valeur et leur objectivité spécifiques que si elle est précisément universelle. « La coïncidence

9. C. G. Jung, *Ibidem*.

signifiante ou la correspondance d'un état psychique et d'un état physique qui n'ont aucune relation causale mutuelle, signifie, sur un plan général, une modalité a-causale, un arrangement sans cause. La question se pose alors de savoir si notre définition de la synchronicité, qui se rapporte à la correspondance des processus psychiques avec les processus physiques, ne serait pas susceptible d'*élargissement,* et même n'en exigerait pas un. Cette exigence semble s'imposer lorsque nous prenons en considération notre compréhension générale de la synchronicité telle que citée ci-dessus comme " un arrangement sans cause ". Dans ce concept entrent en effet purement et simplement tous les " actes de création ", autrement dit les données *a priori,* comme par exemple les propriétés des nombres entiers, les discontinuités de la physique moderne, etc. [10]. » A quoi Jung ajoute aussitôt, en précisant sa pensée et en l'enrichissant d'autant : " En fait j'incline vers l'hypothèse que la *synchronicité dans le sens plus étroit n'est qu'un cas particulier de l'arrangement sans cause universel,* et, à coup sûr, celui de la correspondance des processus psychiques et physiques qui place l'observateur dans la situation avantageuse de pouvoir reconnaître le *tertium comparationis.* Toutefois, la perception du fondement archétypique fait naître chez lui la tentation de réduire l'assimilation des processus psychiques et des processus physiques réciproquement indépendants à un effet (causal) de l'archétype, et par là, d'en omettre la simple contingence. Ce danger est évité si l'on considère la synchronicité comme un cas particulier de l'arrangement général. Par là on évite aussi une multiplication inadmissible des principes d'explication : *l'archétype est la forme reconnaissable par l'introspection de l'arrangement psychique a priori.* S'il s'ajoute à cela un processus synchronistique extérieur, celui-ci répond alors au même schéma de base, c'est-à-dire qu'il est ordonné de la même manière. Cette forme de l'arrangement se distingue de l'arrangement des propriétés des nombres entiers ou des discontinuités de la physique en ce que (...) la première représente des *actes de création dans le temps.* C'est, soit dit en passant la raison profonde pour laquelle j'ai souligné le

10. C. G. Jung, *Ibidem.*

moment du temps comme caractéristique de ces phénomènes et je les ai qualifiés de synchronistiques[11]. "

Car c'est bien là le problème : il ne peut y avoir de synchronicité que si elle est contingente, mais le mot n'a de sens que s'il existe *des* phénomènes de synchronicité, c'est-à-dire si l'on est capable de penser un cadre conceptuel qui permette de réfléchir la contingence comme régulièrement irrégulière et de bâtir en d'autres termes une théorie qui serait celle d'une " science du singulier ". On s'aperçoit tout de suite à ces mots que nous sommes confrontés là à une double exigence : exigence de la rigueur de pensée, exigence d'une méthode et d'une théorétisation qui rendent compte de l'empirie tout en faisant l'hypothèse d'un autre monde de réalité que celui du pur sensible.

La notion de contingence nous amène d'autre part à poser cette idée, contenue dans celle des *actes de création dans le temps*, que la synchronicité serait la manifestation d'un non-temps qui créerait un non-temps dans le temps. Conception difficile, mais qu'il est nécessaire de poser au départ, à peine de voir s'écrouler l'édifice tout entier.

Il faut noter par ailleurs ce que Jung dit de l'archétype, dont on aurait facilement tendance, en effet, à le transformer en " cause efficiente non-temporelle " de l'événement synchronistique, et à le poser comme intervenant directement dans le plan de l'expérience du fait de sa transgressivité. On verra un peu plus loin comme cette transgressivité ne peut faire l'économie d'un relais dans un plan virtuel pour pouvoir être définie, mais il faut relever dès maintenant comme on déboucherait immédiatement, si on voulait imposer cette idée de l'efficience sensible de l'archétype, sur une contradiction incontournable, ou beaucoup plus simplement, sur un simple jeu de mots, puisque, nous l'avons déjà noté, toute cause de l'ordre du physique suppose le déroulement d'un temps. Autrement dit encore, et (n'ayons pas peur des mots !) dans le cadre métaphysique qu'il bâtit de la sorte quant à la réalité de l'univers, Jung doit introduire un statut de l'archétype, — et

11. C. G. Jung, *Ibidem.*

par voie de conséquence du psychoïde, puis de la nature même
de l'homme, — qui renvoie à une réalité encore plus profonde,
et se voit contraint, paradoxalement, à dépsychologiser la
psychologie afin de mieux la valider.

Dans " la femme aux oiseaux ", on ne pourra ainsi dire en
aucun cas que c'est la constellation de l'archétype augural qui a
fait apparaître le phénomène synchronistique (ce ne serait
certainement là que de la pure pensée magique que la
psychologie des profondeurs doit nous apprendre en principe à
dépasser, en l'assumant dans un autre registre et en en faisant
ressortir la signification), mais que la constellation de l'archétype a été l'un des modes d'apparition d'un ordre différent
dans notre temps quotidien.

Ce sont trois niveaux différents qui se dévoilent de la sorte
dans la notion de synchronicité :

— un niveau événementiel, où c'est l'événement lui-même,
   dans son a-causalité particulière, qui crée sens pour une
   personne ;
— un niveau ordonnanciel, qui renvoie à un ordre dont
   l'événement est le signe ;
— un niveau métaphysique qui débouche sur la question :
   quelle est la réalité de l'univers où nous vivons, et cette
   réalité fait-elle sens ?

Et, question subsidiaire, si la synchronicité renvoie à un
Unus Mundus, c'est-à-dire à la conception d'un plan de réalité
potentielle par rapport à l'empirie, mais existant sans doute en
soi dans un autre ordre de réalité qui se légitime comme
transcendantal à l'expérience et comme consubstantiel (d'une
substantialité *subtile*) à l'existence de l'âme [12], si la synchroni-

12. Pour des notions plus précises sur l'*Unus Mundus,* se reporter à
C. G. Jung, *Mysterium Conjunctionis,* t. II, Ed. Albin Michel, en prolonge-
ment des premières considérations que l'on trouve déjà dans *Psychologie et
Alchimie,* et dans *Les Racines de la conscience,* Ed. Buchet-Chastel. On se
reportera aussi avec profit à M. L. von Franz, *Alchemical Active Imagination*
et *Nombre et Temps, op. cit.* A noter dès maintenant l'origine médiévale de
cette notion, particulièrement dans Scot Erigène, *De Divisione naturae,* dans
Patrologie latine, vol. CXXII, Ed. Migne, ou dans certaines tentatives de
Raymond Lull (voir à ce propos : F. Yates : *Ramon Lull and John Scotus*

cité renvoie donc à cette autre réalité qui contiendrait en puissance la matière et l'esprit — une " matière spirituelle ", un " esprit matériel " dans cet intermonde spécifique où se subsumerait la causalité physique et où s'assumerait une a-causalité première [13] — ne doit-on pas se souvenir de ce que cet *Unus Mundus* se traduit lui-même dans un archétype, et un archétype déterminé ? Autrement dit, ne retrouvons-nous pas ici, à un autre niveau, les relations de l'archétype et de la psychosomatique, en ceci que l'ordre métaphysique implique l'*Unus Mundus*, de la même manière que l'*Unus Mundus* oblige à la question métaphysique ?

Ce que l'on peut exprimer en écrivant qu'en dépsychologisant la psychologie, Jung le fait à partir d'un archétype qui repsychologise du coup d'emblée la dépsychologisation nécessaire.

A ceci près cependant, qu'il faut être clair sur les mots, et que la notion de psychologie a en partie changé de sens entre les deux phases du processus. Il faudra bien entendu s'en expliquer plus avant, mais nous pouvons indiquer dès maintenant que ce mouvement de retrait puis de réinvestissement par la psychologie, indique d'abord sur le fond la transformation d'une *subjectivité* en *intériorité*, et rend en bout de course à la psychologie son sens originel et véritable de discours de l'âme et sur l'âme — ou peut-être encore plus exactement, de *discours de l'âme sur elle-même.*

La contradiction apparente est alors en fin de compte le signe d'une dialectique, et nous confronte en même temps à la *polysémie* de l'archétype selon le point de vue à partir duquel on en parle : matrice d'images dans le champ de l'inconscient, condition de possibilité par rapport à l'expérience, structure

---

Erigena, dans Journal of the Warburg and the Courtauld Institute, XXIII, 1960) — où l'on retrouve de plus cette idée particulière que l'*Unus Mundus* est le plan de la *Sapientia Dei* où se déploie un *noûs poietikos,* une intelligence active assimilée à cette même *Sapientia.* (Voir Scot Erigène, *op. cit.,* mais aussi M. L von Franz : *Aurora Consurgens, Mysterium Conjunctionis,* t. III Ed. de la Fontaine de Pierre, sur la vision alchimique du (pseudo ?) Thomas d'Aquin.)

13. Je me permets de renvoyer à ce propos à mon livre, *La Science et l'âme du monde,* Ed. Seveyrat.

métaphysique dans le royaume réel de l'âme. Ce qui nous amènera par ailleurs à nous poser la question : en dehors de toute causalité d'ordre physique, et si on tente de réfléchir dans le plan propre de cet *Unus Mundus*, n'y aurait-il pas dès lors ce qu'il faudrait bien appeler une *causalité formelle* de l'archétype ?

LES RUSES DE L'INCONSCIENT

Parvenus à ce point, il est sans doute bon néanmoins de se rappeler l'anecdote que Marie-Louise von Franz rapporte sur les travaux de Jung, et particulièrement sur ces instants où il était en train de mettre au point le concept de synchronicité : « La difficulté qu'il y a à saisir scientifiquement ces phénomènes de synchronicité tient à leur apparition irrégulière et, par suite, imprévisible. Ils se soustraient à notre méthode habituelle de statistique, à nos calculs de fréquence et de probabilité. Jung dut lui-même en faire l'expérience lorsqu'il décida de tracer enfin un tableau de ces phénomènes observés par lui depuis longtemps. Pour rendre la démonstration plus claire, il chercha la manière dont on pouvait saisir statistiquement un phénomène bien connu de constellation archétypique en relation avec des événements de même sens, pouvant être constatés concrètement. Son choix se porta sur la vieille tradition astrologique des constellations de mariage, faites des conjonctions soleil-lune et Mars-Vénus. Cette tradition reflète en effet sous une forme projetée, la croyance que le mariage est lié à une constellation archétypique à l'arrière-plan psychique (projeté en l'occurrence dans le ciel)*. Le mariage réalisé entre deux individus est un fait irrécusable. Le résultat du premier relevé statistique se révéla significatif à un point incroyable.

---

* Il est bien à noter ici que l'astrologie n'est pas prise dans ce contexte comme une science, mais comme une production de l'inconscient, et que notre propre coïncidence psychique avec notre thème astrologique, si souvent constatée, n'y représente rien d'autre que l'adéquation de la personnalité à l'inconscient qui la sous-tend, en relation avec l'idée d'une *structure qualitative du temps*, cette structure étant elle-même la manifestation, à travers le mandala que représente le zodiaque, d'un *temps subtil et cyclique* qui est celui du Soi.

Toutefois, les conclusions laissèrent à Jung un certain sentiment de malaise et un après-midi, alors qu'il était assis devant sa tour à Bollingen, il vit qu'un jeu d'ombre et de lumière faisait apparaître avec insistance sur une pierre du mur un visage au sourire moqueur qui le regardait. Plus tard il dégagea au ciseau et au marteau ce visage de la pierre et le fixa comme l'image du Mercure *trickster*. Une question lui traversa l'esprit : est-ce que Mercure, l'esprit de la nature, lui aurait finalement joué un tour ? Revenu de sa griserie et rendu sceptique, il répéta l'expérience avec un second faisceau d'horoscopes, et cette fois le résultat fut beaucoup moins convaincant. Ainsi le premier bilan avait été vraisemblablement, lui aussi, un hasard significatif, c'est-à-dire un phénomène de synchronicité ! L'archétype de la conjonction ou du mariage (en l'occurrence, celui de la psyché et de la matière) était dans l'âme de Jung dans un *excited state*. L'expérience avait suscité en lui un extraordinaire intérêt émotionnel et le *trickster* lui avait en conséquence servi un résultat statistique qui s'était révélé positif à un degré surnaturel. La réalité du phénomène synchronistique était ainsi devenue une nouvelle fois manifeste, mais il était évident que sa " démonstration " statistique était totalement remise en question [14]. »

Sur le mode humoristique particulier à Mercure, nous y retrouvons à nouveau cette dialectique de l'archétype comme lieu nodal de toute recherche, comme carrefour/actant, si l'on veut, de toutes les disciplines, et de toutes les descriptions du monde — ce qui nous rappelle l'injonction de prudence dès le moment que l'on veut aborder aux domaines de la science ou de la philosophie générale, mais nous assure tout autant que, si nous n'y retrouvons pas l'archétype d'une manière ou d'une autre, alors nous sommes certains d'avoir pris une fausse voie.

C'est pourquoi, à ce premier stade déjà, nous pouvons dire que nous ne sommes finalement pas gênés outre mesure des

14. M. L. von Franz, *C. G. Jung. Son mythe en notre temps*, Ed. Buchet-Chastel. Je suis en cela profondément d'accord avec Hubert Reeves, la statistique n'a peut-être finalement pas grand-chose à voir avec la synchronicité, dans la mesure où celle-ci aurait fondamentalement à faire avec une omniprésence de l'univers à lui-même. Voir aussi à ce propos les remarques de M. L. von Franz, *infra*.

contradictions relevées — contradictions, je le rappelle, en rapport dialectique — et que s'il faut manier ces contradictions en s'en méfiant sans arrêt, et si elles ne nous assurent en rien de la vérité de la démarche, il est au moins certain que nous devrions nous arrêter devant leur absence même.

A nous de transformer les ruses de l'inconscient, et en rusant avec elles, de les forcer à nous dire ce que nous pouvons entrevoir d'une quelconque vérité.

L'ARCHÉTYPE : MÉMOIRE OU FORME ?

De quelque manière qu'on s'y prenne, tout tourne donc en fin de compte, quand on parle de synchronicité, autour de la question de l'archétype et de son aspect psychoïde.

Et d'abord, l'archétype. On sait combien Jung, à son sujet, a longtemps hésité entre deux conceptions dont l'une, si l'on peut dire, était une conception lamarckienne, et l'autre une conception qu'on appellerait aujourd'hui de caractère structural.

La première conception, en gros, en revient à la thèse de la formation historique des images mythiques premières, et de leur transmission héréditaire de génération en génération. C'est bien à une telle vue que Jung sacrifie quand il écrit par exemple : « Nous avons vu plus haut que l'inconscient se divise en quelque sorte en deux couches, la couche personnelle et la couche collective. La couche personnelle s'arrête aux réminiscences infantiles les plus précoses ; la couche collective englobe l'époque préinfantile, c'est-à-dire *les restes de l'existence ancestrale*. Tandis que les images-souvenirs contenues dans l'inconscient personnel sont pour ainsi dire pleines parce que *vécues*, les archétypes contenus dans l'inconscient collectif sont de simples silhouettes, car ce sont des vestiges qui n'ont pas encore été vécus individuellement par le sujet. Lorsque la régression de l'énergie psychique dépasse même les temps infantiles les plus précoses, elle fait irruption dans les traces ou vestiges de la vie ancestrale et éveille alors des images mythologiques, les archétypes »[15] — et plus encore, à l'évidence, quand il s'explique de la sorte sur l'origine de l'*anima* : « Cette image est, au fond, un conglomérat héréditaire inconscient d'origine très lointaine, incrusté dans le système vivant, " type " de toutes les expériences de la lignée ancestrale au sujet de l'être féminin, résidu de toutes les impressions fournies par la femme, système d'adaptation psychique reçu en héritage[16]. »

C'est au contraire à une conception structurelle qu'il se rallie très nettement quand, reprenant la distinction de l'inconscient personnel et de l'inconscient collectif (mais j'aimerais plutôt dire : de l'inconscient comme langage et de l'inconscient comme images, de l'inconscient comme *lieu du non-sens*, et de l'inconscient comme *lieu du sens caché* en tant que d'âme et âme cachée à la fois), il propose qu'à côté des contenus personnels qui s'inscrivent dans l'inconscient, « il en existe d'autres, qui ne sont pas personnellement acquis ; ils proviennent des possibilités congénitales du fonctionnement psychique en général, notamment de la structure héritée du cerveau. Ce sont les connexions mythologiques, des motifs et des images qui se renouvellent partout et sans cesse, sans qu'il y ait tradition, ni migration historique. Je désigne ces contenus en disant qu'ils sont inconscients collectifs »[17]. L'archétype, en somme, serait *une donnée immédiate de l'inconscient*, forme en même temps que matrice, dont le dévoilement aurait pu, en effet, se faire historiquement, mais dont le fondement serait *trans-historique*, ou plutôt *a-temporel*, et dont l'enracinement se ferait par le biais de l'appareil neurophysiologique humain.

On se rend compte sur-le-champ combien cette conception est beaucoup plus consonnante avec tout ce que Jung dit par ailleurs de la synchronicité, puisque nous voyons pointer là à la fois l'amorce du psychoïde et le renvoi à un ordre qui se manifeste dans le temps, mais qui ne saurait en relever.

Il va de soi, cependant, qu'on ne peut démontrer la synchronicité par l'archétype, et l'archétype par la synchroni-

15. C. G. Jung, *Psychologie de l'inconscient*, Editions Georg et Cie.
16. C. G. Jung, *Ma vie, souvenirs, rêves et pensées*, Editions Gallimard.
17. C. G. Jung, *Types psychologiques*, Editions Georg et Cie.

cité. Jung lui-même, d'autre part, a bien senti ce problème de la définition première, puisque dans le même ouvrage où il renvoyait à l'existence ancestrale, il ne craint pas d'affirmer, et la formulation est particulièrement intéressante, en corrigeant par avance ce qu'il est en train d'écrire et qu'il va bientôt réécrire : « Dans chaque être individuel existent, outre les réminiscences personnelles, de grandes images " originelles ", pour nous servir du terme pertinent par lequel Jacob Burckhardt les a un jour désignées : ces figurations ancestrales sont constituées par les potentialités du *patrimoine représentatif*, tel qu'il fut depuis toujours, c'est-à-dire par les possibilités, transmises héréditairement, de la représentation humaine. Cette transmission héréditaire explique le fait, incroyable en somme, que certains thèmes de légendes et que certains motifs de folklore se répètent sur toute la terre en des formes identiques. Cette transmission héréditaire explique en outre comment, par exemple, il peut se faire que nos aliénés puissent reproduire exactement les mêmes images et les mêmes corrélations que nous trouvons déjà dans des textes anciens. J'en ai donné quelques exemples dans mon livre : *Métamorphoses de l'âme et ses symboles*. Ce faisant, *je n'affirme nullement la transmission héréditaire de représentations, mais uniquement la transmission héréditaire de la capacité d'évoquer tel ou tel élément du patrimoine représentatif. Il y a là une différence considérable* [18]. »

Considérable en effet puisque l'archétype se présente dès lors comme une forme *per se* au travers de laquelle nous percevons la réalité (au lieu que cette forme se soit construite dans l'accumulation de la réalité à travers les âges), et que le mécanisme héréditaire ne se présente plus désormais comme la transmission d'un acquis, mais comme la reproduction d'une *condition de possibilité*.

Il est sans doute capital de relever à cet égard que nombre de recherches contemporaines poussent en effet dans cette voie. Du point de vue de la psychanalyse d'origine freudienne sur son socle, c'est d'abord Mélanie Klein qui a su faire ressortir à

---

18. C. G. Jung, *Psychologie de l'inconscient, op. cit.*

travers ses études sur les tout premiers âges de la vie, que le nourrisson a « une connaissance innée et inconsciente de l'existence de sa mère »[19], proposant l'hypothèse d'un *instinct* au sens éthologique, antérieur à toute notion d'apprentissage, et qui fonderait du même coup une relation objectale à la mère sans qu'elle soit, cependant, forcément subjective au départ[20]. Dans cette innéité de la connaissance (thèse qui d'ailleurs, on le sait, a fait excommunier Mélanie Klein en son temps sous prétexte de " néo-jungisme ", l'idéologie du psychanalysme généticien de l'époque ayant à l'évidence pris le pas sur la force des faits), on retrouve bien en effet, comme l'auteur le supposait elle-même, la concepiton de l'*urbild*, de l'image primordiale des éthologues contemporains[21].

On connaît bien de ce point de vue l'expérience des oies de Lorenz : ce qu'elle induit à l'évidence, ce n'est certes pas que la jeune oie soit fournie à sa naissance d'une image de sa mère (ce qui serait un contenu), mais à travers le leurre qui déclenche la réponse de relation, qu'elle est dotée d'une *structure a priori* que l'expérience vient remplir : une forme vide, en fait, qui *in-forme* précisément sa manière d'être au monde[22]. Nous nous trouvons là devant ce que les ethologues appellent un *composant inné spécifique*, c'est-à-dire le couplage d'automatismes endo-gènes à partir de l'*urbild* et de déclencheurs extérieurs. Il est vrai que Lorenz a cru devoir critiquer la théorie jungienne des archétypes[23] : mais en se reportant à son texte, on s'aperçoit sur-le-champ que, ce qu'il remet en cause, c'est l'idée d'une

19. Mélanie Klein, *Envie et gratitude*, Ed. Gallimard. Voir aussi ses notations sur la réaction des très jeunes nourrissons à la voix de leur mère, dans *Développements de la psychanalyse*, PUF.

20. L'ensemble des propositions de Mélanie Klein, ainsi que l'étude des principaux travaux postérieurs à son œuvre qui sont venus conforter son point de vue, sont très clairement présentés et expliqués dans Jean Michel Petot, *Mélanie Klein : 1. Premières découvertes et premier système 1919-1932 ; 2. Le Moi et le bon objet, 1932-1960*, Ed. Dunod.

21. Voir en particulier K. Lorenz, *Die angeborenen Formen möglicher Erfahrung*, dans Zeitsch fur Tier psychologie, T.V., et *Man meets dog*. Editions Methuen.

22. Voir plus précisément sur ce point, les descriptions et définitions de N. Tinbergen, *An objective Study of the innate behavior of Animals*, dans *Bib. Bioth.*, I, 1942, et K. Lorenz, *Le Comportement animal et humain*, Le Seuil.

23. K. Lorenz, *Le Comportement... op. cit.*

formation historique de l'archétype comme représentation, au nom d'une conception de l'*urbild* comme schéma structurant. Or, le dernier Jung, sur ce point, celui d'après 1935 en gros, c'est-à-dire le Jung de l'Alchimie et de l'*Unus Mundus* établi, avait clairement fait sa religion : « L'archétype, écrit-il, est en lui-même un élément vide, formel, qui n'est rien d'autre qu'une *facultas praeformandi*[24]. » D'où la reformulation sans ambiguïté de ce qu'il pressentait déjà dans la *Psychologie de l'inconscient* : « Ce qui est transmis par hérédité, ce ne sont pas les représentations, mais les formes[25]. » Et retrouvant à sa racine même la théorie éthologique : « On ne peut prouver qu'une image primordiale est déterminée quant à son contenu que si elle est consciente, donc remplie de matériaux de l'expérience consciente[26]. »

Comme le note Gilbert Durand, on pourrait dès lors avancer que « le psychologue voit la face interne, représentative, du phénomène dont l'éthologue décrit la face externe[27] ». Il faut cependant aller encore plus loin et se rappeler l'une des dernières définitions données par Jung de l'archétype, en tant qu'équivalent des idées platoniciennes dans le champ de la psyché : « A la place de ces modèles qui donnent forme à des choses créées, l'inconscient collectif, à travers ses archétypes, constitue la condition *a priori* pour l'assignation du sens[28] ». C'est bien là, justement, que gît la différence, ou plutôt le dépassement de l'*urbild* des éthologues par l'archétype jungien, dans la mesure où celui-ci, dans cette réclamation du sens, suppose le miroir de la conscience — de cette conscience précisément qui, par-delà la catégorisation de l'archétype comme condition de possibilité, par-delà son statut de matrice originelle d'images, le réfléchit en retour comme structure de l'âme même lorsque la conversion s'est faite de la subjectivité (imaginaire) à l'intériorité (reconduction de l'image à son lieu d'émergence).

On peut dès lors affirmer, comme le fait Jolande Jacobi, que

24. C. G. Jung, *Les Racines de la conscience*, Buchet-Chastel.
25. C. G. Jung, *Ibidem.*
26. C. G. Jung, *Ibidem.*
27. G. Durand, *Science de l'homme et tradition*, Ed. Berg International.
28. C. G. Jung, *Mysterium Conjunctionis*, Ed. Albin Michel.

« la théorie des archétypes de Jung nous permet une vue globale à la fois de la psychologie de l'homme et de l'animal. De nombreux biologistes et zoologues, parmi lesquels il faut citer Schneider, Hediger, Lorenz, Uexküll, Alverdes, sans oublier le grand savant bâlois Portmann, ont confirmé dans le domaine biologique et animal les découvertes faites par Jung dans le domaine psychique et spirituel. Lorenz, par exemple, parle des schémas préformés, innés, déterminant l'attitude et les réactions instinctives des animaux et des hommes. Il insiste comme Jung sur le fait que, pour l'homme, il ne s'agit pas d'images innées, mais de virtualités, de potentialités innées capables de créer des images qui prennent alors des formes infiniment variées selon la nature et l'expérience des individus [29] » ; on peut encore affirmer comme le fait aussi Portmann que « l'ensemble du comportement et du rituel des animaux supérieurs est à un haut degré de caractère archétypique[30] », en sorte que leur vie intérieure (*tierische Innerlichkeit*) est gouvernée par un principe supra-individuel ; on ne peut en oublier pour autant, par-delà ces assertions, ce que Jung disait lui-même de cette part biologique, qui « change complètement d'aspect dès que nous l'observons du dedans, c'est-à-dire à partir de la vie subjective de l'âme. Là, (l'archétype) se manifeste comme une puissance numineuse d'importance capitale [31] ». En d'autres termes, quand il se présente un couple binaire du schème et de l'agent déclencheur chez l'animal, il existe chez l'homme une triade du schème appréhendé comme une forme, de l'expérience sensible, et de la conscience en acte qui fonde l'homme, justement, dans son humanité spécifique et l'amène à percevoir la transcendantalité qui se manifeste de la sorte comme relevant de ce *mysterium* qu'avait pointé Otto [32]. *Mysterium* à son tour qui se donne tout d'abord comme un *tremendum,* dans une ambivalence de fond, en tant qu'il est saisi comme relevant du champ de l'inconscient, et se transforme au contraire, au miroir de la conscience quand elle sait

29. J. Jacobi, *Complexe, archétype et symbole,* Ed. Delachaux et Niestlé.
30. A. Portmann, *Les rites des animaux,* dans Eranos Jahrbuch, 1950.
31. C. G. Jung, *Préface aux " Mystères de la femme "* d'Esther Harding, Editions Payot.
32. Voir W. F. Otto, *Le Sacré,* Ed. Payot.

l'évaluer, dans le mystère de l'âme conquise ou reconquise[33].

On voit bien comme nous nous mouvons ici dans l'horizon d'une très profonde philosophie de la nature, et comme Jung est, de ce point de vue, l'héritier de Paracelse ou de ces alchimistes comme Gherard Dorn ou Agrippa von Nettensheim qu'il a tant étudiés, et dont il reprend l'idée de la *lumen naturae*, la lumière de la nature[34]. On sait comme Jung en personne a longuement considéré les rapports de l'archétype et de l'instinct[35], et de récentes découvertes ont bien fait ressortir la très ancienne apparition dans le règne animal de structures de comportement qui induisent l'existence d'*urbilder* immédiates — c'est-à-dire non réfléchies[36]. C'est donc à bon droit semble-t-il, qu'on peut mettre en relation des images primordiales — ou plutôt des *matrices*, avec un certain développement de l'appareil neuro-psychique vivant. Considérée sous cet angle, l'instance archétype se présente comme le stade intermédiaire entre celui de l'instinct et celui de la conscience — et la génétique symbolique qu'implique nécessairement l'idée d'évolution, montre comment on passe en effet, par exemple, d'un univers significatif à dimensions univoques chez les insectes[37], à la symbolisation par réflexivité néencéphalique humaine en passant par un inconscient pré-réflexif et instinctuel qui fait son apparition avec les cerveaux archaïques du vertébré en général (le palé-encéphale de l'homme), et du mammifère en particulier (le rhinencéphale, ou autrement dit, notre système limbique[38]). Ainsi appréhendé, l'archétype

33. Voir W. F. Otto, *Ibidem*, et C. G. Jung, *Les Racines de la conscience*, plus particulièrement les visions de Zozyme, et le chapitre IV sur " *L'inconscient comme Conscience multiple* ", Ed. Buchet-Castel.

34. Voir C. G. Jung, *Les Racines...*, chap. IV, *Ibidem*.

35. En particulier, C. G. Jung, *L'Energétique psychique :* Instinct et inconscient, Ed. Georg et Cie.

36. Se reporter entre autres à l'article de J. R. Horner et R. Makela, " *Nest of Juveniles provides evidence of Family Structures among Dinosaurs* ", Nature, 15 nov. 1979, à propos de la découverte et de l'étude de quinze " bébés " hadrosaures dans les sédiments du Crétacé supérieur de Two Medecine Formation, dans le Montana.

37. Voir J. von Uexkull, *Mondes animaux et monde humain*, et *Théorie de la signification*, Editions Gonthier.

38. Voir H. Laborit, *Neurophysiologie, Aspects métabolique et pharmacologique*, Editions Masson.

représente l'ouverture de l'instinct, sa brisure néoténique, qui le transforme tout en le respectant dans une logique du *tertium* : qui le transforme par la dialectique à la conscience et le respecte en tant que schème fondamental — le *tertium*, précisément, consistant dans cette conscience qui installe le sujet comme nœud de réflexion aux deux sens de ce mot = en tant que pensée et miroir.

Ce qu'il faut bien voir, néanmoins, c'est qu'il s'agit là du déploiement dans l'histoire d'un principe qui lui échappe, et de la *symbolisation* de la nature avec un plan subtil qui lui est, non pas antérieur, mais précédent dans une hiérarchie d'apparition. Lorsqu'il reprend la *philosophia sagax* de Paracelse[39], Jung redécouvre tout autant, dans le vocabulaire du XXᵉ siècle, la notion de l'*Astralleib* de son prédécesseur suisse, c'est-à-dire des principes de la réalité objective (au sens de : non-imaginaire, non fantasmatique) de l'âme et de ses figures imagées. Ou si l'on préfère le dire ainsi, l'éthologie n'annonce pas la psychologie, c'est la psychologie plutôt (dans son sens réel de science de l'âme vivante), qui explique l'éthologie, qui représente son implication profonde au sens même où l'entend quelqu'un comme David Bohm[40]. L'homme ne serait plus tant, derechef, un animal doué d'âme — qu'il ne faudrait plutôt refaire l'hypothèse d'Aristote sur les âmes animales, celles-ci relevant en fin de compte de l'inconscient structurel dans son aspect particulier de l'in-conscience de l'âme[41].

39. C. G. Jung, les trois études sur Paracelse dans *Synchronicité et Paracelsica*, et le chapitre cité des *Racines*.

40. Voir D. Bohm, *Wholeness and the implicate Order*, Routledge and Kegan Paul Ed., particulièrement le dernier chapitre : hors des lois de la causalité physique, ce sont les stades de développement ultérieurs (*unfolding states*) qui révèlent l'ordre profond des états antérieurs.

41. Ainsi posée, l'alternative de l'archétype comme mémoire ou comme forme change soudain de sens, et se résorbe d'elle-même : si l'archétype y est forme et n'est sans doute pas redevable d'une sédimentation historique (la mémoire commune de Proclus étendue à l'espèce), il induit cependant un autre type de mémoire : la mémoire méta-psychique de l'âme dans un processus d'*anamnèse* où l'homme ne dépend plus de l'histoire, mais la crée au contraire. (Voir mon ouvrage *La Science et l'âme du monde, op. cit.*) C'est là le principe même du processus d'individuation.

PSYCHOÏDE ET BIOLOGIE

C'est dans une telle perspective que l'on peut le mieux comprendre ce que veut derechef signifier Jung quand il parle de données psychoïdes pour désigner l'archétype — ces données psychoïdes renvoyant à la fois à la conception de l'*Unus Mundus* dans la notion de transgressivité (qui implique que les archétypes particuliers participent d'une unité potentielle de la totalité de l'univers, c'est-à-dire se réfèrent en même temps à un archétype général de représentation du monde), et en en faisant l'application sur la constitution de l'homme qui serait à son tour structuré de cette manière, avec ses manifestations psychiques et somatiques, l'indexation des unes sur les autres, et l'existence d'une zone potentielle profonde dont le corps, l'esprit et l'âme seraient les *déploiements actuels et autonomes, mais potentiellement confondus dans une matrice unique.*

Il est frappant de constater que les découvertes médicales semblent confirmer ce point de vue, et conforter peu à peu les positions qui ont pu paraître comme les plus paradoxales de Jung. On n'ignore pas par exemple que, alors que c'est de l'étude même des schizophrènes que l'évidence de l'inconscient collectif s'est imposée au psychologue, et que c'est à partir des données constantes de leurs délires, en consonance avec les plus vieux matériaux mythologiques et religieux de l'humanité, qu'il a inféré la notion d'archétypes, il a néanmoins toujours retenu l'hypothèse d'une " toxine " ou d'un agent neuro-chimique dans l'agencement de la maladie mentale[42].

Quoi de plus significatif à cet égard que sa participation au IIe Congrès mondial de psychiatrie qui se tenait à Zurich en 1957 et où, délaissant délibérément les sessions d'études psychologiques où on se serait attendu à le voir, il assista de préférence au colloque consacré aux nouveaux médicaments psychotropes qui étaient en train de voir le jour. Et quoi de

42. Voir en particulier les *Considérations actuelles sur la schizophrénie* (G. W. V), traduction française dans le *Cahier de l'Herne C. G. Jung.* On lira avec profit, dans ce dernier, l'article de Denyse Lyard, " Jung et la psychose ".

plus révélateur que cette déclaration de sa part, qu'un témoin nous rapporte presque vingt-cinq ans plus tard : " Je suis venu à votre colloque parce que je sais qu'ici ma curiosité a quelques chances d'être satisfaite. J'apprendrai des choses nouvelles et même si elles se révélaient fausses plus tard, je pourrai rêver ou m'endormir avec elles. Et puis, vous savez, je crois à l'origine possible des psychoses déclenchées par des substances toxiques. C'est comme l'histoire de la mouche sans ailes qu'on voit marcher. Comment pourrait-on deviner que quelqu'un les lui a arrachées ? Comment pourrait-on croire qu'avant elle pouvait voler ?... [43]. "

Intuition assez géniale de la part d'un psychologue qui s'opposait ainsi à toute une certaine tradition psychanalytique qui avait toujours tenu à affirmer l'indépendance absolue de la sphère d'activité psychique, quitte à déboucher sur la psychosomatique sans jamais expliquer par quels processus mystérieux le lien réel s'en opérait [44]. Or, la découverte de la chlorpromazine, la mise au point du largactyl et de ses dérivés postérieurs, l'ensemble des travaux de Laborit et de ses confrères, ont bien démontré aujourd'hui l'action des psychotropes sur les délires à formes graves cependant que la mise au point des antidépresseurs (imipramine, IMAO, sels de lithium) ont permis de lutter pour la première fois victorieusement, et à grande échelle, contre les psychoses dépressives profondes [45].

Plus, des études récentes ont peu à peu fait apparaître qu'au-delà de terrains constitutionnels propres, les tendances psychotiques pouvaient aussi relever de mécanismes héréditaires, et donc d'ordre génétique : les études menées en Angleterre sur l'autisme infantile à partir de jumeaux monozygotes font bien ressortir le phénomène [46], cependant que la comparaison des

43. Dans J. Thuillier, *Les dix ans qui ont changé la folie*, Ed. R. Laffont.

44. Voir les interventions particulièrement nettes à ce sujet de Pierre Fédida dans P. Fédida, M. Montrelay, P. Solié, M. Cazenave : *La Psychanalyse aujourd'hui*, Ed. Imago, sur la question des rapports entre biologie, neurochimie et psychanalyse.

45. S. Peroutka et F. Snyder, *Long-term antidepressant Treatment decreases Spiroperidol-labeled Serotonin Receptor binding*, *Science*, vol. 210.

46. S. Folstein et M. Rutter, *Nature*, 1977. Résumé de A. Vloebergh, *Les bases génétiques de l'autisme infantile*, La Recherche, 1977.

taux de concordance gémellaire pour la psychose maniaco-dépressive entre monozygotes et dizygotes fait apparaître des écarts significatifs, puisque l'on passe d'une proportion de 50 à 100 % dans le premier cas, à une proportion de 25 % dans le second [47]. De même, le risque de maniaco-dépression a pu être estimé à une valeur moyenne de 20 % dans l'entourage biologique de dépressifs bi-polaires, tandis que la proportion " normale " de risque dans la population générale est de l'ordre d'environ 1 % au maximum [48]. Si l'on est loin de connaître vraiment encore aujourd'hui les processus de cette transmission, on a tout de même pu avancer, dans le cadre général de la théorie mendelienne, qu'elle était liée à une répartition sexuelle à prédominance féminine, et des observations différentes ont en effet souligné le rôle en l'occurrence du chromosome sexuel X, ainsi que le linkage entre le syndrome bi-polaire et le groupe sanguin Xg [49].

La schizophrénie et la dépression de type purement mélancolique paraissent relever beaucoup moins de ce genre de recherches, mais les progrès actuels de la psycho-pharmacologie et de la neurobiochimie font toutefois de mieux en mieux ressortir à quel point ces affections sont caractérisées biologiquement. Ce n'est pas le lieu ici de refaire le tableau des

---

47. F. J. Kallman, *Genetic principles in manic-depressive Psychoses*, dans Hoch et Zubin : *Depression*, Grunne and Statton.

48. *Ibidem*.

49. G. Winokur, P. J. Clayton et T. Ruch : *Manic-depressive Illness*, Mosby, et J. Mendlewicz et J. L. Fliess : *Linkage Studies with X-chromosomes Warkers in bipolar (manic-depressive) and unipolar (depressive) Illnesses*, Biol. «Psychiatry, 1974, 9.

A noter, dans le registre de la psychosomatique, que la maniaco-dépression peut aussi se masquer dans des " dépressions masquées " à caractère cyclique : ulcère duodénal en association avec l'antigène sanguin O, hypothyroïdie, alcoolisme *périodique* ou dipsomanie.

Voir sur le sujet J. Mendlewicz, *The Nature of affective Equivalents in relation to affective Disorders*, dans Excerpta Med. Int. Congress ser., Amsterdam — Series 274, 1972. Comme le résume Mendlewicz : " certains équivalents dépressifs de nature somatique peuvent donc masquer la dépression de certains individus prédisposés. Le rôle homéostatique de la dépression est alors dévié *vers les voies physiologiques dont la localisation est probablement génétiquement déterminée* " (J. Mendlewicz : *Données génétiques récentes sur la maniaco-dépression : évaluation et méthodologie*).

conquêtes les plus récentes — mais quelques rappels à gros traits semblent pourtant indispensables. En relation avec le système mésocortico-limbique que nous avons déjà signalé dans notre organisation cérébrale, on a ainsi pu mettre en évidence le rôle de la dopamine dans la schizophrénie[50], la neuro-transmission dopaminergique y apparaissant particulièrement excitée — tandis que, en retour, l'efficacité des neuroleptiques s'explique au moins en partie par le fait qu'en se liant aux récepteurs de la dopamine, ils bloquent l'activité de ces derniers[51]. Cette explication, bien entendu, n'est pas suffisante à elle seule, et elle a été largement complétée depuis par les travaux menés sur l'action des endorphines. C'est ainsi qu'on a fait ressortir l'existence en l'homme de ce que l'on pourrait appeler un neuroleptique naturel — c'est-à-dire endogène : la DTE, des-tyr-1 endorphine ou neuroleptine[52]. Inversement, on s'est révélé capable de produire des états catatoniques par des injections intracérébrales de β-endrophine chez des rats — en même temps que, par ailleurs, des recherches qui s'appuient sur le rôle neuro-modulateur de trois peptides principales du système nerveux central (la neurotensine NT, la Somatostatine SS et l'hormone gouvernant la thyrotropine TRH), et sur leur interaction avec les systèmes

50. Voir S. W. Matthysse dans *Proceedings Fed. American Society,* Exp. Biol. vol. 32, 200 (1973), et plus récemment, S. M. Snyder dans *American Journal of Psychiatry,* vol. 133, 197 (1976).

51. Voir les articles de LL. Iversen et I. Cruse, D. R. Burt et S. M. Snyder dans *Science,* vol. 188, 1084 (1975) et vol. 192, 481 (1976). Pour un renforcement de la théorie par comparaison des effets de neuroleptiques classiques et d'ADP (Anti Psychotic Drugs) atypiques sur la *substantia nigra* (A 9) et les neurones à dopamine de la zone mésocortico-limbique (A 10), se reporter à F. J. White et R. Y. Wang, *Differential Effects of Classical and Atypical Antipsychotic Drugs on A 9 and A 10 Dopamine Neurons,* dans Science, vol. 221 (1983).
A noter que l'accroissement de la dopamine semblerait aller de pair avec une réduction de l'activité decarboxylatique de l'acide glutamique et acétyltransfératique de la choline.
Pour des recherches similaires sur l'effet du lithium sur la neurotransmission de la sérotonine dans la psychose maniaco-dépressive, voir S. L. Treiser, C. S. Cascio, T. L. O'Donohue, N. B. Thoa, D. M. Jacobowitz et K. J. Kellar, *Lithium increases Serotonin Release and decreases Serotonin Receptors in the Hippocampus,* Science, vol. 213 (1981).

52. Voir les études de De Wied et Van Praag, dans *The Lancet,* 1, 1978

monoamines du cerveau[53], ont paru montrer une modification
significative de la distribution de ces neuropeptides dans
certaines régions des aires corticales frontales des schizophrènes[54].

Sans vouloir aller plus loin, on constate largement de la sorte
à quel point le délire ou le deuil sont redevables d'un double
enracinement neuro-physiologique et biologique.

Entendons-nous toutefois sur les mots. Il ne s'agit pas de
dire en ce moment que les dérèglements du physiologique en
général, entraînent et donc *causent* la perturbation du psychique, et que celle-ci, à son tour, ne pourrait être soignée *que* par
la voie médicamenteuse. Si des contre-épreuves expérimentales
du déclenchement des dynamismes de l'inconscient par des
hallucinogènes tels que le peyotl, la mescaline ou le LSD ont
pu être menées[55], si on a pu très tôt montrer assez clairement
qu'on y trouvait un modèle de la schizophrénie primaire[56] et
qu'on pouvait susciter ce qu'on a appelé des " pharmaco-
psychoses " par l'administration de ces substances[57], il n'en
reste pas moins que ces contre-épreuves ont aussi laissé
apparaître qu'au-delà de l'action neuro-chimique, existait le
problème du *contenu* hallucinatoire. Comme le déclarait Hoffmann dès 1970, « dans les cas les plus favorables, le LSD ne
peut libérer et activer que ce qui est déjà présent dans la
personnalité[58] ». Les expériences de Grof démontrent la

53. Voir les articles de S. M. Snyder dans *Science*, vol. 209, 976 (1980), et
de A. J. Prange Jr et C. B. Nemeroff dans *Ann. Rep. Med. Chem.* vol. 17, 31
(1982).
54. C. B. Nemeroff, W. W. Youngblood, P. J. Manberg, A. J. Prange Jr
et J. S. Kiger, *Regional Brain Concentrations of Neuropeptides in Huntington's
Chorea and Schizophrenia*, Science, vol. 221, 4614 (1983). On trouvera une
description claire de ces différents problèmes dans E. Slater et W. Cowie,
The Genetics of mental Disorders, Oxford University Press et dans le dossier de
la Recherche sur la schizophrénie, en particulier l'article de Y. Le Moal
(1977).
55. Voir les cas rapportés par Jean Thuillier, *op. cit.*
56. G. Rosembaum, B. Cohen, E. Luby, J. Gottlieb, D. Yelen :
*Simulation of Schizophrenic Performance with Sernyl, LSD 25 and Sodium
Amytal* dans Arch. Gen. Psychiatry, 1, 1959.
57. Se reporter par exemple à L. E. Hollister, *Chemical Psychoses*, C. C.
Thomas pub. Springfield.
58. A. Hoffmann, *Les Hallucinogènes*, La Recherche, 3, 1970.

même chose[59], et on voit bien comment quelqu'un comme Changeux passe à côté du problème quand il range sur le même plan, sous le prétexte des mêmes modifications neurobiologiques supposées, le délire du schizophrène et les visions de Jeanne d'Arc[60] : la schizophrénie déclarée est totalement incapacitante, et si le matériau d'images est en effet similaire, la structuration de ce matériau et son négoce au conscient sont spécifiquement différents du délire à la vision[61].

Il semble donc plus approprié de dire qu'il existe une dialectique réciproque entre le domaine du *soma* (et parfois même du *germen*) et celui de la *psyché,* dialectique appuyée sur une unité sous-jacente qui implique l'idée d'une *totalité* de la personne vivante, à la fois virtuelle et actualisée dans la constitution de ses pôles manifestes. Il est bon à ce sujet d'évoquer les travaux d'un psychiatre comme Hubertus Tellenbach qui, par des voies d'approche différentes, s'inscrivant dans la tradition phénoménologique et dans la filiation de Heidegger et de Binswanger, en arrive finalement à des conceptions comparables. Etudiant quant à lui la mélancolie à forme monopolaire, n'en arrive-t-il pas en effet à la conclusion suivante : « C'est la vision du *tout* de l'altération mélancolique existentielle qui nous a suggéré de partir d'une nouvelle conception de l'endogénéité pour tenter de pénétrer la mélancolie. Mais cette vision globale renvoyait la question de l'origine de la mélancolie aux confins d'une région qui précède la distinction soma-psyché. Cette région d'unité anticipée, nous l'avons appelée *endon*. Par endon, nous entendons la somme du possible qui peut être livrée à la vie par la créature organique en tant que nature portant des empreintes, pour peu que cette vie soit suscitée par le cosmos environnant. En correspondance avec de telles références situationnelles spécifi-

---

59. S. Grof, *Les Royaumes de l'inconscient humain,* Ed. du Rocher.

60. Dans J. P. Changeux : *L'Homme neuronal,* Ed. Fayard.

61. Comparer de ce point de vue l'*identité* de certains thèmes et la *différence* de leur traitement entre le cas du développement schizophrénique de Miss Miller dans C. G. Jung, *Métamorphoses de l'âme et ses symboles,* Georg et Cie, et les processus d'individuation décrits par le même auteur : *Les Racines... op. cit.,* ou *Mysterium Conjunctionis,* Albin Michel.

ques, la région de l'endon s'est avérée être un champ étiologique propre. C'est en elle que nous apercevons l'origine des mutations que nous appelons des étapes de la maturation — dont le succès est constitutif de la bonne santé — comme de celles qu'accompagne la perte de la santé et que nous nommons " psychoses endogènes ". (...) Cette vue des choses où apparaît l'affinité ontique des symptômes biologiques et psychospirituels pour un champ de maladie donné correspond au point de vue que von Gebsattel a nommé la " façon de voir constructivo-génétique " (1954, p. 4)[62]. »

PSYCHOÏDE ET *UNUS MUNDUS*

Que se joue-t-il dans ces vues, sinon l'idée rectrice d'une unité primordiale de l'homme — c'est-à-dire, si l'on développe cette pensée jusqu'au bout, l'unité fondamentale, mais potentielle, de l'esprit, de l'âme et de l'organisation somatique, donc aussi matérielle, de toute personne humaine ? Avec un double versant synchronique et diachronique — synchronique dans cet *Unus Mundus* microcosme, diachronique dans son aspect génétique aux deux sens du mot : en tant que processus de construction, et en tant que processus biologique et physiologique[63]. D'où l'idée qui s'impose que l'archétype, en effet, doit être aussi une forme *biopsychique* dans sa racine, *neuropsychique* dans sa manifestation. Et la résonance profonde qui est celle derechef de cette remarque de Jung, selon laquelle on doit retrouver le « phénomène psychoïde aux deux extrémités de l'échelle psychique[64] », à condition, précisément, de savoir le réfléchir dans deux registres différents, mais reliés l'un à l'autre de façon réciproque. En d'autres termes, on devrait trouver normalement des modifications neurobiologiques

62. H. Tellenbach, *La Mélancolie*, Presses Universitaires de France. Voir V. E. von Gebsattel, *Prolegomena Zu einer medizinischen Anthropologie*, Springer.

63. Revoir à ce propos la première partie de P. Solié, *La Femme essentielle*, *op. cit.*, et les liaisons à établir, dans un double lien en *feed-foreward*, avec les aspects synchronique et diachronique des archétypes du *Moi* et du *Soi*.

64. C. G. Jung, *Les Racines... op. cit.*

apparentées dans les délires psychotiques aussi bien que dans les phénomènes d'individuation (et de mystique), sans parler de ces états intermédiaires comme les bouffées délirantes étudiées par Perry qui sont le retour pathologique d'un refoulé spirituel, et la manifestation régressive d'une demande d'initiation[65]. D'autre part, dans un horizon à la fois méta-psychologique et méta-physique au sens propre, et dans le cadre même de cette *philosophie de la nature* que nous avons évoquée, on a là en même temps cette idée essentielle que le Soi comme archétype de la totalité, en se développant selon sa propre structure, demeure cohérent à lui-même en se connotant à l'*Unus Mundus* sur un double niveau : celui de sa définition même où il ordonne dans un sens et une unité potentielle la globalité de l'univers dans ses différentes composantes, et celui de sa réalisation où, dans l'assomption du *vir unus*, s'exerce la réconciliation finale de l'homme avec l'univers qui l'entoure[66]. Mais il faut encore élargir, et Marie-Louise von Franz a bien fait ressortir à partir des œuvres alchimiques de Dorn que « l'idée d'un *Unus Mundus* est une variation du concept d'inconscient collectif. Tous les archétypes sont au départ dans un état de contamination, d'où le fait que l'*Unus Mundus* est une multiplicité unifiée, une séparation en parties et une unicité en même temps. Dans ce monde imaginal[67], tout était conçu dans un état d'harmonie. Il n'y avait pas de disharmonie dans l'*Unus Mundus*, les choses étaient séparées et unies en même temps. Dorn dit que l'*Unus Mundus* ne se manifeste qu'après la mort, autrement dit, c'est un événement psychologique par lequel l'homme s'unit avec tout ce qui existe.

---

65. J. W. Perry, *The Self in psychotic Process*, University of California Press. Lire la préface de Jung, publiée dans le *Cahier de l'Herne C. G. Jung*.

66. Si l'on voulait être précis, il faudrait dire en fait qu'il y a un quadruple niveau dans la paire potentialité/actualité que nous venons d'évoquer, mais aussi dans l'autre paire psychopathologie/individuation où l'*Unus Mundus* peut se manifester, et qui index à l'évidence tout ce que nous venons de voir sur l'étiologie des " maladies mentales ".

67. Nous traduisons ici *fantasy* par imaginal, dans la mesure où aucun équivalent satisfaisant n'a encore jamais été vraiment trouvé en français pour ce terme anglo-saxon, et où il s'agit dans le contexte d'une imagination qui traduit la *réalité psychique objective*, d'une *imaginatio vera, non fantastica*, pour reprendre la citation de Jung du *Rosaire des philosophes*.

Concrètement, l'*Unus Mundus* apparaît, comme Jung l'a remarqué, dans les phénomènes synchronistiques. Tandis que nous vivons normalement dans un monde duel d'événements " intérieurs " ou " extérieurs ", cette dualité disparaît dans un événement synchronistique ; les événements se comportent alors comme s'ils faisaient partie de notre psyché, en sorte que toute chose est contenue dans la même totalité. (...) Cette expérience est aussi le stade ultime du processus d'individuation où l'on devient un avec l'inconscient collectif, mais non d'une manière pathologique comme dans certaines psychoses où le processus d'individuation s'est mal déroulé et où toutes choses se sont déformées. Quand le processus se déroule au contraire d'une façon positive, il implique une union avec l'inconscient collectif au lieu d'une cassure et d'une séparation, et cela signifie un élargissement de la conscience qui va de pair avec un dépérissement en intensité du complexe de l'*ego*. Quand cela arrive, l'*ego* s'efface en faveur de l'*inconscient collectif*. Atteindre ce point où les réalités intérieure et extérieure (la terre et le ciel) s'unifient est le but de l'individuation. A travers elle, l'homme atteint quelque chose de ce que Jung appelle le " savoir absolu " dans l'inconscient »[68].

Les conséquences sont énormes, puisqu'on voit tout à coup comme l'emboîtement archétype trouve sa justification dans sa propre dynamique ; comme le psychoïde s'amarre là définitivement à l'apparition de la synchronicité par le biais de l'*Unus Mundus* et rejoint, par une double démarche psychologique et neurobiologique, d'autres hypothèses scientifiques auxquelles Hubert Reeves fait d'ailleurs allusion dans son article quand il parle de l'idée spéculative, mais en voie de recherche, que certains mécanismes cérébraux correspondraient à " des systèmes quantiques à grande échelle "[69].

De fait, lorsque Niels Bohr suggère que la pensée implique de si petites énergies dans le cerveau qu'elle doit être régie par

68. M. L. von Franz, *Alchemical Active Imagination, op. cit.*
69. Voir K. Pribram, M. Nuwer, R. Baron, *The Holographic Hypothesis of Memory Structures in Brain Function and Perception,* dans Contemporary Developments in Mathematical Psychology, Freeman and Co.

des effets quantiques[70]; lorsque David Bohm écrit que les processus intellectuels et les sautes d'attention semblent « subjectivement se comporter selon le même principe d'incertitude que celui de la mécanique quantique[71] »; lorsque London va jusqu'à proposer que des mécanismes macroscopiques de nature quantique pourraient se révéler importants chez les organismes vivants en avançant que « dans certains processus biologiques, le concept d'un état fluide d'entropie nulle pourrait jouer un rôle décisif, car il combine la stabilité caractéristique des états quantiques avec la possibilité de mouvement[72] », ce qui est le double caractère de la vie, la chaîne se forme là (d'une façon encore hypothétique, il est vrai) vers cet " état " de la réalité où la notion même de matière disparaît et où la *potentialité* au sens aristotélicien gouverne désormais dans un monde qui est d'abord celui de l'aléatoire et de l'indéterminé.

Quoi qu'il en soit de ce point, on s'aperçoit enfin dans les quelques exemples que nous avons relevés, comme une équation " différentielle " s'établit entre les notions d'archétype, de psychoïde, d'*Unus Mundus*, d'inconscient collectif et de " savoir absolu ", c'est-à-dire finalement comme émerge peu à peu l'idée que *l'inconscient collectif est peut-être aussi un inconscient cosmique qui ne saurait être détaché de la totalité de l'univers dans son ensemble.*

70. N. Bohr, *Atomic Theory and the Description of Nature*, Cambridge University Press.

71. D. Bohm, *Quantum Theory*, Prentice Hall.

72. F. London, *Superfluids*, vol. I, Dover Pub. Voir par ailleurs, et à propos de ce qui a été longtemps considéré comme de nature instinctuelle, sur la sensibilité aux champs magnétiques de certains oiseaux migrateurs qui utilisent le champ magnétique terrestre pour se diriger (D. E. Beischer, *The null magnetic Field as Reference for the Study of geomagnetic directional Effects in Animals and Men*, Annals of the N.Y. Academy of Science, 188, 1971), les explications avancées par Cope sur l'existence possible de magnétomètres biologiques à effet Josephson, dans *Evidence for activating Energies for superconducting Tunneling in biological Systems at Physiological Temperatures*, Physiological Chemistry and Physics, 3, 1971, et *Enhancement by high electric Fields of Superconduction in organic and biological Solids at room Temperature and a Role in nerve Conduction?* Phys. Chem. and Phys., 6, 1974.

L'OMNIPRÉSENCE DE L'INCONSCIENT ET DE L'UNIVERS

On avait pu croire un instant qu'en s'intéressant à l'aspect psychoïde de l'archétype, cependant imposé par la constitution même de la notion de synchronicité, on s'était éloigné de celle-ci vers des horizons étrangers. On constate au contraire qu'en élargissant cette notion, en passant de l'adjectif au substantif, de la donnée psychoïde au repérage du *psychoïde* en l'homme, on est au contraire impérieusement ramené à la nécessité logique de l'existence de la synchronicité, et au problème de son enracinement dans l'ordre même de l'univers.

Il est bien évident que je ne peux amener ici que quelques compléments à l'*Incursion dans le domaine a-causal* que nous a déjà fait faire Hubert Reeves. Il me semble bon, pourtant, de préciser quelques points pour en examiner les implications possibles du point de vue de l'*Unus Mundus* — de même que d'y ajouter quelques considérations qui ne laisseront peut-être pas totalement indifférent.

Avec la prudence qui s'impose, le physicien et l'astrophysicien nous proposent quatre points qui pourraient faire supposer l'existence d'un ordre a-causal, dont il est bien évident qu'il ne nierait pas la causalité (et il faut insister là-dessus, car le contresens est courant), mais qu'il y serait complémentaire ou, selon les solutions, qu'il en serait le soubassement. Ces quatre points sont donc, respectivement, l'expérience du pendule de Foucault, l'énigme de la lueur fossile, la constance des lois de la physique, et le fameux paradoxe d'Einstein, Podolsky et Rosen[73].

Lorsque Hubert Reeves, en effet, traite du pendule de Foucault et écrit que " tout se passe comme si le pendule en mouvement choisissait d'ignorer la présence, près de lui, de notre planète, pour orienter sa course sur les galaxies lointaines dont la somme des masses représente la quasi-totalité de la matière de l'univers observable "[74], il affirme, preuves expéri-

73. Einstein, Podolsky et Rosen, *Can Quantum-mechanical description of reality be considered complete ?* Physical Review, 1935.
74. Hubert Reeves, *Incursion dans le monde a-causal, voir supra.*

mentales à l'appui, qu'il y a une coïncidence mystérieuse entre
système inertiel et système fixe (c'est-à-dire sans mouvement
de rotation), ou en termes plus simples, que le plan d'oscillation du pendule demeure immobile par rapport à l'ensemble de
l'univers. D'où le " principe " de Mach qui énonce à travers sa
conception de l'influence de la globalité de l'univers sur toutes
ses localités, que *la totalité de l'univers est présente d'une façon ou
d'une autre à chacun de ses endroits et à chacun de ses moments*, de
sorte que l'univers serait indivisible du point de vue de la
totalité du continuum spatio-temporel, et que notre propre
manière spatio-temporelle de l'appréhender (fût-elle aussi
raffinée que dans la théorie de la relativité, et uniquement
mathématique), ne serait en fin de compte qu'un travail de
représentation qui s'effectuerait à l'intérieur de cette totalité
fondatrice.

Ces quelques mots, bien sûr, nous rappellent aussitôt la
manière dont Jung essayait d'expliquer la nature de l'inconscient collectif à des physiciens comme Pauli ou Jordan. Dans
une lettre à Pauli, n'écrivait-il pas de la sorte que l'on peut
considérer l'inconscient collectif comme un « continuum
omniprésent ou comme un présent sans étendue[75] », et
quelque temps plus tard, que cette omniprésence signifie une
relativisation dans les couches les plus profondes de la psyché
du continuum spatio-temporel de la physique relativiste : « Le
monde archétype est éternel, c'est-à-dire hors du temps et
partout car (...) lorsqu'il s'agit d'archétypes, l'espace n'existe
pas »[76], et « peut-être devons-nous complètement renoncer
aux catégories de l'espace et du temps aussitôt qu'il s'agit de
réalité psychique. Il se pourrait qu'il faille concevoir la psyché
comme une intensité sans étendue, et non point comme un
corps qui se meut dans le temps (...). On pourrait alors
considérer la psyché comme un transformateur d'énergie, dans
lequel la tension ou l'intensité pratiquement infinie de la
psyché est transformée en fréquences et en " étendues " spatio-
temporelles perceptibles »[77]. Outre que cette conception dans

75. Lettre à Wolfgang Pauli, *Correspondance*, tome 1, Ed. Albin Michel.
76. *Ibidem*, tome 3.
77. *Ibidem*, tome 3.

l'approximation même de l'expression (mais c'était bien la
première fois que la psychologie osait s'aventurer dans de tels
domaines !), annonçait les recherches, ou l'axe de recherches
dont nous avons parlé plus haut sur le mode de fonctionnement
du cerveau[78], et en prévoyait certaines difficultés inhérentes
aux limites qu'y rencontrent les explications de nature strictement spatio-temporelle[79], elle bâtissait aussi l'idée d'un inconscient global engendrant le temps et l'espace et par là coprésent,
comme le serait l'univers, à chaque endroit et à chaque instant
de ses manifestations. Bien qu'il soit difficile de réfléchir de
telles notions, on s'aperçoit du coup combien nous sommes
proches aussi, non seulement de l'énoncé du principe de Mach
quant à l'univers physiquement observable, mais des idées de
James Jeans lorsqu'il présente la substratum de ce même
univers comme un temps et un espace vides, étant bien
entendu que ce vide, ou ce néant, est un néant formateur d'où
émerge précisément notre espace-temps physique[80].

   Une remarque s'impose ici. Dans cette façon de considérer la
totalité du cosmos comme un tout indivisible en quelque sorte
" supérieur " en même temps qu' " intérieur " à son propre
déploiement, on ne peut pas éviter de prendre en considération
que l'homme en fait naturellement partie, son psychisme y
compris — et que l'inconscient est par-là l'une des composantes de cet univers et qu'il doit se structurer de la même
façon que lui.

   Il faut relever d'autre part que les idées de James Jeans ne
sont pas contradictoires, comme elles pourraient le paraître au
premier abord, avec l'énoncé de Mach — dans la mesure où
l'affirmation d'une totalité présente à chacun de ses lieux et de
ses moments présuppose effectivement que ces lieux et ces
moments sont des spécifications de cette totalité. Tout dépend
simplement du point de vue où on se place : celui de l'homme
observant la totalité, ou celui de la totalité elle-même, points de
vue qui sont complémentaires entre eux pour décrire la réalité

   78. Voir note 69. De même que K. Pribram, *Esprit, cerveau et conscience*
dans *Science et Conscience, les deux lectures de l'Univers*, Stock.
   79. Voir : K. Pribram, *Holonomy and Structure in the Organization of
Perception*, University of West Ontario. K. Pribram, Nuwer et Baron, *op. cit.*
   80. J. Jeans, *The mysterious Universe*, Cambridge University Press.

— de même que lorsqu'il s'agit de l'inconscient comme Jung l'entrevoyait, on peut aussi bien en dire, si l'on se met dans la position de l'observateur humain, qu'il s'agit « d'un espace inconscient absolu dans lequel un nombre infini d'observateurs contemplent le même objet », ou si l'on essaie de le réfléchir à partir du Soi comme archétype de la totalité, qu'il « n'y aurait au contraire qu'un observateur (situé dans l'inconscient, et qui serait la totalité de cet inconscient), qui contemplerait une infinité d'objets »[81].

Mais il faut aller plus loin que ces considérations premières, puisqu'il est patent que les deux points de vue de la physique et de la psychologie des profondeurs supposent, nous le répétons, dans la coprésence de l'univers ou de l'inconscient à l'ensemble du continuum spatio-temporel, que ce continuum est une " retombée " du global qui s'y déploie sans arrêt. Comme l'explique Hubert Reeves en astrophysicien, « on ne peut certes pas dire de l'univers qu'il " occupe " l'espace et qu'il " s'insère " dans le temps. Au même titre que la matière, ces dimensions sont elles-mêmes incluses dans l'univers. Il semblerait plus approprié d'énoncer que l'univers engendre lui-même l'espace et le temps dans lesquels il s'étend et perdure. Mais, avouons-le, nous sommes ici à la limite de l'intelligibilité du réel »[82].

C'est cette intelligibilité que nous essayons pourtant de scruter, et nous sommes amenés à penser qu'elle ne peut se dévoiler que par la voie du psychique, et du psychique objectif, en tant que ce psychique serait l'intermédiaire de l'intelligible et du sensible — car si l'inconscient universel, dans l'un de ses degrés, est partie intégrante de la totalité du réel (et on voit difficilement comment dire le contraire), il participe à la fois de son intelligibilité ontologique et de sa matérialité pratique. Cette intelligibilité, néanmoins, pour nous qui existons dans les dimensions déployées du sensible, c'est-à-dire de la matière, de l'espace et du temps (étant admis par ailleurs, que ces termes sont d'une certaine façon en équivalence les uns des autres),

81. C. G. Jung, *op. cit.*
82. H. Reeves, *Patience dans l'azur, l'évolution cosmique*, Le Seuil.

elle nous est transcendante en soi et ne peut nous être métaphysiquement accessible que dans des systèmes épiphaniques, vécus dans le domaine de la réalité de la psyché, et qui font le lien nécessaire avec notre existant d'être-là[83].

En d'autres termes, on peut dire aussi de l'inconscient vis-à-vis de l'univers ce qu'avançait Jung de l'homme : « D'une part l'homme tel qu'il est, d'autre part ıa totalité indescriptible et supra-empirique de ce même homme... l'homme lui-même est en partie empirique et en partie transcendantal : il est lui-même *lithos ou lithos*, une pierre non pierre[84]. » Dans cette nouvelle comparaison au travail alchimique, l'inconscient se présente à la fois comme supra-cosmique et comme condition du possible de l'inconscient cosmique — ce que l'on peut encore exprimer par l'idée d'une hiérarchie interne des plans de l'inconscient, de l'âme reflétant l'*imago Dei* et révélant le Soi jusqu'à l'inconscient comme champ des structures de la matière[85]. Ou, lorsqu'il s'agit plus précisément de l'*Unus Mundus*, par l'assertion que « les archétypes en tant que structures formelles psycho-physiques pourraient être en définitive un principe formateur de l'univers, c'est-à-dire un facteur d'ordre universel et transcendant l'être[86] ».

ACAUSALITÉ ET NON-SÉPARABILITÉ EN COSMOLOGIE ET EN PHYSIQUE

Il est frappant de constater sur ce point que tous les grands concepts de la cosmologie moderne correspondent étrangement

83. Voir pour l'explication beaucoup plus complète de ces notions, au niveau philosophique, H. Corbin, *Le paradoxe du monothéisme*, l'Herne.

84. C. G. Jung, dernier chapitre du *Mysterium Conjunctionis*, Albin Michel.

85. Se reporter à l'étude que j'ai tenté d'ébaucher dans *La Science et l'âme du monde*, Imago, ainsi, bien entendu, qu'à M. L. von Franz, *Nombre et Temps*, *op. cit.*

86. M. L. von Franz, *Nombre et Temps*, *op. cit.* Sans oublier que l'*Unus Mundus*, dans l'ordre de la *psyché objective*, est le plan d'apparition de la Sophia, de la *Sapientia Dei*, où la déité crée l'univers (Cf. Scot Erigène, note 12) — et qui représente l'unité primordiale qui se multiplie dans une infinité de formes premières tout en restant unitaire (principe de la multiplication symbolique comme processus des manifestations théophaniques).

à des images archétypiques. Sans s'attarder aux deux interprétations de l'expansion indéfinie de l'univers ou du système contraction/expansion dont on pourrait montrer sans difficulté comment ils correspondent à la figuration du temps d'après les archétypes majeurs du Père et de son temps linéaire, ou de la Mère et de son temps éternellement cyclique [87], on doit noter en revanche que la description de l'univers que nous donne l'astrophysique implique que celui-ci n'a pas de centre et que sa " circonférence " — autrement dit son horizon — est partout, puisque si nous représentons notre position dans le cosmos de la manière suivante :

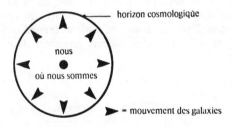

il faut admettre que cette représentation serait la même, et qu'elle serait tout aussi adéquate pour n'importe quel habitant de n'importe quelle galaxie. On peut déclarer dès lors, tous ces énoncés étant psychiquement et métaphysiquement équivalents, que l'univers est un tout dont le centre est partout et la circonférence nulle part, ou dont le centre est nulle part et la circonférence partout, ou dont le centre et la circonférence sont partout, ou dont le centre et la circonférence sont nulle part, ce qui correspond à autant d'énoncés archétypes et traditionnels

---

87. On sait en fait que c'est la solution au problème de la masse du neutrino qui permettrait de trancher, au moins provisoirement, entre ces deux conceptions cosmologiques. Il n'en reste pas moins que, quelle que soit celle qui l'emporte, on discerne bien là comment l'esprit humain active des notions archétypes jusqu'aux fondements mêmes de ses constructions les plus abstraites. Voir sur ce sujet, mon livre *La Science...*, *op. cit.*

sur la Divinité en tant que celle-ci est elle-même la representation archétype de la totalité transcendante.

Or, quelles sont les conséquences de tout ce que nous avons dit de la sorte sinon que, si l'univers est effectivement indivisible et fonde l'espace-temps en lui-même, alors, comme son centre est partout et nulle part, son début est aussi, d'une manière logiquement et rigoureusement nécessaire, nulle part en particulier et partout en général. Si à l'horizon cosmologique nous ajoutons en effet un second horizon qu'on pourrait appeler l'horizon temporel des origines, celui d'un temps zéro, à la vérité asymptotique, mais en deçà duquel on ne peut remonter, et qu'implique sans possibilité de réserve l'idée d'une totalité qui crée un temps dans lequel elle s'étend, cet horizon doit être lui aussi infiniment répandu. Et nous pourrions transformer notre schéma précédent dans ce nouveau dessin :

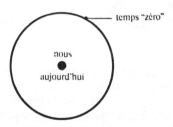

— la même remarque valant, à savoir que cette représentation serait à son tour identique pour un observateur se situant dans n'importe quelle région de l'univers.

Reportons-nous maintenant à l'astrophysique : c'est tout naturellement que nous retrouvons le problème de la lueur fossile que soulève Hubert Reeves, lueur fossile prédite dès l'origine par la théorie de l'expansion et effectivement découverte par Panzias et Wilson à l'observatoire de Greenbank. Cette lueur fossile, on pourrait représenter son apparition pour

nous de la manière suivante, qui compléterait "historiquement " le schéma précédent :

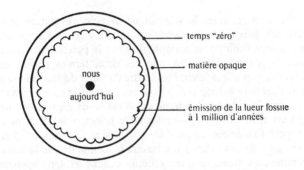

On remarquera à ce propos que l'horizon cosmologique et
l'horizon temporel (scientifiquement dissociés, puisque l'un est
dû à la récession des galaxies, alors que l'autre tient à l'opacité
intrinsèque des premiers instants de l'univers, mais métaphysiquement et archétypiquement liés si on développe dans ses
conséquences le principe de Mach), coïncident dans la réalité
des faits à environ quinze milliards d'années-lumière, c'est-à-
dire à « la distance parcourue, pendant la durée de vie de
l'univers, par une galaxie qui se meut à la vitesse de la lumière
par rapport à nous [88] ».
De fait, on s'en rend compte, nous avons renversé la
démarche du physicien, qui allait de la lueur fossile au pendule
de Foucault, en décrivant quant à nous l'itinéraire inverse. Que
cherchions-nous ce faisant, si ce n'est à montrer que sur le
simple plan de la réflexion, l'hypothèse de l'omniprésence de
l'univers à lui-même dans l'infini de l'espace et à travers son
histoire, conduisait, sans qu'il y ait une quelconque échappa-
toire, à des hypothèses secondaires impliquant une homogénéité des manifestations ou des lois de la nature, et ce
sans faire appel au plan métaphysique à des notions comme
celle de la causalité — puisque la causalité physique rele-

88. H. Reeves, *Patience dans l'azur...*, *op. cit.*

vant d'une succession temporelle, ce serait au contraire requé-
rir une notion partielle pour expliquer le tout qui lui donne
naissance.

En un mot, là où le scientifique ne peut s'aventurer avec
certitude parce que sa science est muette à ce sujet dans son
domaine spécifique, le métaphysicien et le psychologue (mais
nous avons vu plus haut que ces deux termes étaient en
interaction et s'appelaient l'un l'autre du point de vue qui est le
nôtre), sont beaucoup plus à l'aise pour s'avancer en mettant en
évidence la cohérence interne du domaine de représentations
qui est ainsi constitué, — puisque le principe de Mach nous
propose finalement de considérer la totalité de l'univers, dans
la totalité de son extension à travers la totalité de son histoire,
comme un système unique à réfléchir comme tel. On s'aperçoit
de ce point de vue, métaphysique et archétypique, rappelons-
le, et non point strictement scientifique, combien le problème
des lois de la physique ne se pose dès lors plus en procès de
légitimation, puisque les lois ne se présentent pas dans cette
perspective comme des " propriétés internes " de la matière (et
comment expliquer en effet, si on garde cette idée, qu'en
comparant le rayonnement émis par des quasars situés à des
milliards d'années-lumière les uns des autres, et donc non
causalement reliés au moment de l'émission, on trouve que la
force électromagnétique qui provoque ce rayonnement en
s'exerçant sur les particules constitutives des atomes est
rigoureusement la même dans toutes ces sources indépendantes ?) — mais que ces lois sont l'expression de la manière
dont le TOUT engendre sa manifestation, c'est-à-dire dont le
système fonctionne dans sa globalité. En d'autres termes,
l'univers se concevrait sur un plan acausal en étant partout et
toujours comme présent à lui-même, cependant qu'il se
concevrait comme causal en tant qu'il se manifeste et crée le
continuum spatio-temporel dans lequel il se déploie. Système
quantique infini d'une part, univers einsteinien de l'autre ; il
n'y a pas là, sur le plan des idées, de contradiction, mais la
complémentarité de deux approches différentes, selon le point
d'attaque qui a été choisi au départ.

C'est la même idée qu'on retrouve avec le fameux paradoxe d'Einstein-Podolsky et Rosen — mais en plongeant cette fois-ci dans l'univers microphysique. Ce n'est pas ici le lieu de refaire l'historique de la fameuse querelle entre Einstein et Niels Bohr quand à la description du réel par la mécanique quantique. On se contentera de rappeler qu'avec ses deux collègues, Einstein avait pensé une expérience " idéale " dont les résultats étaient, si la physique quantique était juste, que, les " propriétés " des particules n'étant acquises qu'au moment de leur observation, deux particules provenant de la même source ne devaient acquérir leurs propriétés qu'à l'instant de leur détection, et que *ces propriétés devaient être néanmoins corrélées entre elles bien qu'il n'y eût pas de possibilité causale pour expliquer cette relation.* En s'exprimant dans des termes anthropomorphiques, mais parlants, on pourrait dire grossièrement qu'au moment où j'apprends que la particule A vient de prendre, par exemple, la direction du nord dans un choix que lui a imposé mon intervention, la particule B de même source apprend instantanément qu'elle doit avoir quant à elle la direction du sud. Einstein, personnellement, refusait cette idée en y voyant de la télépathie. Il se trouve cependant que depuis moins de vingt ans le paradoxe ainsi énoncé a pu être quantifié et soumis à l'expérience — et l'expérience montre que la physique quantique avait vu juste : si on refuse l'idée que le choix n'est fait qu'à l'instant de la détection, les résultats prévus sont contraires aux résultats enregistrés. D'où la conséquence qui s'impose de la corrélation a-temporelle des deux particules entre elles.

Cette situation, toutefois, est-elle si paradoxale, ou le paradoxe ne tient-il pas à ce que l'on veut localiser les propriétés des particules ? Si on pense de la sorte, on doit admettre en effet qu'il y a une " information " qui voyage d'une particule à l'autre, et comment l'information voyage-t-elle, comment y a-t-il causalité alors que l'action est strictement instantanée ? Si on considère au contraire que nos deux particules n'existent pas en soi, mais forment un système, et que l'information est affectée au système tout entier, le paradoxe s'évanouit dans la notion d'indivisibilité, ou de non séparabilité du système[89], ce système demeurant toujours présent à lui-même.

Nous voilà donc ramenés à l'omniprésence de l'univers, et à ce double niveau de conception des échanges selon qu'on s'intéresse au tout ou au produit de ce tout.

SYNCHRONICITÉ ET ORDRE CRÉATIF

Il va de soi, bien entendu, que tout ce que nous venons d'écrire ne se prétend en aucune manière une vérité absolue — mais ne représente au mieux qu'une suite de réflexions à propos de résultats ou de découvertes scientifiques dans leur état provisoire.

Peut-être, demain, faudra-t-il aller plus loin, ou bien réviser certains points ?

En l'état de la question, on s'aperçoit pourtant, et au moins pour aujourd'hui, de quelle manière on peut mieux asseoir l'idée de synchronicité en découvrant l'horizon d'un arrangement universel qui serait, par définition, " hors causalité ". Il faut insister néanmoins sur l'aspect que nous avons déjà relevé, à savoir que cet arrangement peut tout aussi bien apparaître comme la manifestation de l'archétype de l'*Unus Mundus* où toutes choses sont distinctes en étant pourtant une. Mais faut-il s'en effrayer ? Comme le disait déjà James Jeans, " l'origine des événements (au delà de l'espace et du temps) englobe également l'activité propre de notre esprit, de telle sorte que le cours futur des événements dépendrait pour une part de cette activité spirituelle[90] ".

En élargissant cette idée, nous ne nous sommes pas privés de faire ressortir que l'inconscient générique participait lui aussi de la totalité de l'univers tout en la dépassant cependant, et ne pouvait être conçu — à plus forte raison encore pour notre conscience éveillée — dans la position d'un observateur neutre et désintéressé. De ce point de vue, et en conformité

---

89. Voir en particulier B. d'Espagnat, *A la recherche du réel*, Ed. Gauthier-Villars, pour des considérations plus poussées sur cette notion de non-séparabilité.

90. J. Jeans, *Physics and philosophy*, Cambridge University Press.

avec la logique intérieure du domaine archétype, j'aimerais même avancer l'hypothèse que l'inconscient représente le savoir de l'univers sur lui-même (peut-être identifiable avec cette espèce de savoir immanent — mais forcément inconscient — avec cette connaissance " aveugle " de la matière que suppose forcément l'idée d'omniprésence), ce que Jung appelait le *savoir absolu*[91], et dont ce serait la tâche de l'homme, dans le double travail de la conscience et de la raison, c'est-à-dire de la réflexivité, de le dévoiler peu à peu dans le courant de l'histoire sans jamais l'épuiser.

On comprendrait peut-être alors ce que voulait signifier Jung quand, en parlant de la synchronicité, il avançait l'idée d'une création continue, tout en spécifiant qu'en même temps que d'actes de création successifs, il s'agissait pourtant aussi de " la présence éternelle de l'unique acte de création "[92]. Nous retrouvons là en effet la dialectique de l'univers et du temps dans lequel il se développe tout en l'ayant généré. Nous retrouvons aussi bien, mais ce n'est qu'une piste ouverte, la dialectique du hasard et de la Loi — du hasard a-causal et de la Loi qui en émerge, mais qui entre en jeu avec lui aussitôt qu'elle existe. Ne serait-il pas intéressant d'examiner la biologie, et l'évolution en général, sous cet angle de vue[93] ?

Après avoir avancé, et avoir en quelque sorte affermi le sol sous nos pieds, j'ai bien conscience à présent de nager dans les

91. C. G. Jung, *Synchronicité...*, *op. cit.*
92. C. G. Jung, *Ibidem.*
93. Voir les idées de Pauli sur les relations possibles entre l'inconscient collectif et les processus biologiques dans *Aufsätze und Vorträge über Physik und Erkenntnistheorie*, Verlag Vieweg. Ce sont ces idées qu'il faudrait développer, en y intégrant par ailleurs les travaux de Prigogine. Voir I. Prigogine et I. Stengers, *La Nouvelle alliance*, Gallimard. On trouverait peut-être alors des vues finalement assez proches de celles de D. Bohm sur l'ordre impliqué de l'univers dans *Wholeness and the implicate Order*, Routledge and Kegan Paul. Cette notion d'ordre impliqué étant elle-même en consonance très forte avec l'archétype de l'*Unus Mundus*, et réalisant peut-être l'une des rationalisations possibles de ce que cet archétype peut avoir à nous suggérer sur le discours de la physique moderne. On se reportera aussi, bien entendu, aux études de Solié et d'Etter dans ce même livre.

" si " — mais dans des " si " en forme de questions, dans un conditionnel interrogatif qui devrait inciter à de nouvelles recherches et à de nouvelles réflexions.

Je voudrais pourtant terminer par une dernière remarque. S'il est vrai que l'univers est un tout indivisible, et que ce tout génère pourtant une histoire qui lui est consubstantielle ; s'il est vrai que l'univers est à la fois quantique et relativiste, indéterminé d'une indétermination qui crée du déterminisme et que " Dieu joue aux dés " selon l'expression que refusait Einstein — mais qu'il ne retient que les coups gagnants ; s'il est vrai par ailleurs que lorsqu'on approche de cette indétermination, sa nature intrinsèque pose des limitations à la science, puisque la science en devient la représentation que nous pouvons avoir de l'univers, et que si cette représentation peut sans cesse s'améliorer, elle ne pourra sans doute jamais rendre compte de la nature fondamentale de l'univers dans sa totalité (et nous retombons ici sur le problème de l'intelligibilité transcendante) [94] : s'il est vrai dans cette perspective qu'il y a complémentarité entre l'approche scientifique et l'approche psycho-métaphysique du problème, chacune de ces démarches potentialisant l'autre dans sa propre actualisation, mais s'adressant toutes deux à la même réalité que l'on appellera primordiale du point de vue de l'*Unus Mundus* et de l'indétermination, ou bien encore ultime du point de vue du plérôme et de l'extension totale de l'univers, c'est-à-dire de la manifestation totalement manifestée (qui nous est apparemment tout aussi transcendante) ; alors on doit conclure aux deux niveaux de synchronicité que pointait Jung, l'un étant une apparition ponctuelle qui fait sens pour le sujet, l'autre désignant l'arrangement sans cause universel, à la fois final et terminal.

Une fois de plus, par ces mots, nous sommes rabattus à la notion du psychoïde qui se trouve aux deux bouts de l'échelle psychologique, ou à l'archétype de l'*Unus Mundus* sur lequel se bâtit l'individuation, mais qui en est aussi le terme. C'est l'emboîtement, en quelque sorte, que nous avions relevé des

94. Voir à ce propos W. Heisenberg, *Physique et philosophie*, Albin Michel, ou plus récemment la conception du réel voilé de B. d'Espagnat, *op. cit.*

différents niveaux archétypes et physiques qui se trouve légitimé dans un processus de fondation/réflexion où la rationalité constitue le sujet en tant que tel, et marque le stade, non seulement spéculaire comme on aurait pu s'y attendre, mais aussi réflexif et progressif de la révélation de la totalité à elle-même. D'où la question qui s'impose : l'apparition du sens dans le monde ne renvoie-t-elle pas par ailleurs à un *Sens du monde* qui se donnerait à lire dans le jeu de la loi et du hasard, aux bords d'un inconnu dont nous pouvons seulement dire qu'il est radicalement autre — à la fois vide et plein, sens et non-sens, *Theos agnotos* que nous réfléchissons en le réfléchissant ?

Nous développons là finalement l'idée de *création continue* dans le sens singulier que lui avait donné Jung, et bâtissons l'hypothèse d'un *ordre créatif* qui s'affirme dans cet espace de jeu et de liberté que nous pointions à la croisée (ou à l'adéquation à elles-mêmes) de la causalité et de l'a-causalité. Ordre créatif qui serait la médiation de l'omniprésence de l'univers, et permettrait de penser dans les limites requises, dans son double versant scientifique et psychique, l'unicité multiple que l'homme tente de déchiffrer depuis ses origines en l'épelant à la fois dans la rigueur de la science et dans l'assomption de son âme.

Il faut bien voir cependant, à ce point de réflexion, que c'est aussi une véritable hypothèse métaphysique qui est posée. La coïncidence en effet de la *création unique* et de la *création continue,* instituant cet *ordre créatif* que nous avons tenté de pointer — mais ordre créatif qui se subsume à son tour dans un ordre potentiel du monde qui est celui de l'*Unus Mundus* — nous renvoie en effet à un statut très particulier de l'âme qui se déploie dans cet *Unus Mundus,* et qui est celui à l'évidence d'une monadologie.

Que signifions-nous par ces mots ? Quand Jung avance l'idée du savoir absolu, il fait explicitement référence à la philosophie de Leibniz[95]. Quand il examine les ancêtres de la notion de

---

95. C. G. Jung, *Synchronicité...*, *op. cit.* : « Ce n'est pas la cognition, mais selon le sens qu'en donne Leibniz, une " perception " qui consiste... dans des images sans contenu » (Cf. la définition de l'archétype donnée *supra*).

synchronicité, c'est Leibniz à nouveau qu'il met clairement en avant[96] — de même que ses considérations sur les nombres, son intérêt pour le *Yi-King* comme modèle opératoire de certains phénomènes synchronistiques, et la conception qu'on peut avoir de ce dernier comme manifestation numérale de l'*Unus Mundus*[97], renvoient de nouveau aux considérations de Leibniz sur ce texte chinois[98]. Bien évidemment, il y a là plus que des coïncidences, mais une parenté établie et, pour reprendre un langage familier à la psychanalyse, une *filiation* évidente. Car la réappropriation de l'*Unus Mundus* dans le processus d'individuation, la réalisation du *vir unus*, de l'*anthropos teleios*, suppose la singularité même de l'âme réalisée — et d'une âme qui symbolise pourtant avec ce qu'il faut appeler l'âme du monde. Mieux encore, l'âme singulière est l'âme du monde cependant que l'âme du monde est en retour totalement présente dans la multiplicité de chacune des âmes singulières. Pour comprendre ce paradoxe de l'*entièreté* de l'âme à ce sens (mal traduit généralement par totalité — mais Jung se sert bien du mot allemand *die Ganzheit*), il faut admettre de raisonner dans ce plan virtuel par rapport à l'empirie — mais existant de sa propre existence spécifique — où l'inconscient fonde l'espace et le temps où il se déploie : ce monde même de l'*Unus Mundus* où la matière est spirituelle, où l'âme est corporelle, et où l'inconscient dans son expression la plus haute, est la réalité de l'âme dont l'homme sensible n'a pas encore pris conscience, mais qu'il a à dévoiler. C'est bien là le mystère de l'*Unio spiritualis* dont nous parle Gherard Dorn[99], c'est le lieu purement qualitatif d'un espace et d'un temps qui sont ceux d'Hermès et de Sophia[100], où l'*atman* et le *Brahman*, le tao personnel et le tao universel, le Soi qui surgit dans notre

96. C. G. Jung, *Ibid.*

97. Voir C. G. Jung, *Préface à l'édition anglaise du Yi-King*, dans *Commentaire sur le mystère de la Fleur d'or*, Albin Michel ; voir aussi M. L. von Franz, *Nombre et temps, op. cit.* et *Symboles de l'Unus Mundus, op. cit.*

98. Voir Leibniz, *De progressione dyadica*, et sa correspondance avec le père Bouvet.

99. Voir C. G. Jung, *Mysterium..., op. cit.* et M. L. von Franz, *Alchemical..., op. cit.* Gherard Dorn, *Theatrum chymicum*, Strasbourg, 1679.

100. Voir C. G. Jung, *Mysterium..., op. cit.*, ainsi que *L'Esprit Mercure* dans les *Essais sur la symbolique de l'esprit*, Albin Michel.

âme en l'ayant fondée au départ, et le Soi en tant que tel, sont indissolublement les mêmes et les miroirs les uns des autres [101]

Alors chaque âme, en effet, symbolise au monde de l'âme. Toute création continuée emblématise en fin de compte la création unique. Comme l'écrivait Cassirer dans un registre voisin, « tandis que la forme de pensée de la causalité empirique vise essentiellement à établir une relation univoque entre certaines " causes " et certains " effets ", la pensée mythique a à sa disposition (...) un choix parfaitement libre de " causes ". Tout peut encore ici *devenir* à partir de tout, parce que tout peut entrer spatialement ou temporellement au contact de tout [102]. » De ce point de vue déterminé, il serait sans doute possible de réintroduire la notion de causalité par l'archétype — à l'expresse condition de marquer toutefois que cette causalité ne peut être comprise que comme une causalité formelle engendrée par les *formes* de l'âme, qui ne peut se développer de ce fait que dans un temps subtil où elle suscite des actes purs de présence, et que cette causalité, à l'évidence, dans sa réversion aux événements de l'âme, ne se donne de légitimité que dans l'apparition du Soi — c'est-à-dire, osons le mot, de l'*Imago Dei*.

Ne me faut-il pas ajouter qu'il est pourtant possible que, tout au long de cette étude, je n'ai peut-être été que le jouet de ma propre intuition d'un *Unus Mundus* intérieur ? Je n'en écarte pas l'idée, mais je dois alors me demander aussi : quel est donc cet appel dont je ne peux de toute façon mettre l'existence en doute, et qui me demande de m'expliquer avec le mystère du monde ?

Post Scriptum : *Avant de remettre à l'impression, je prends connaissance de l'étude de M. L. von Franz — et parmi les*

---

101. C. G. Jung, dans le *Mysterium :* " La relation et plus précisément l'identité de l'Atman personnel avec l'Atman suprapersonnel, et du Tao individuel avec le Tao universel... ", qui fondent la *personne*, à première vue paradoxalement, dans le mouvement apophatique de l'*individuation*.

102. E. Cassirer, *La Philosophie des formes symboliques*, vol. II, éditions de Minuit.

citations élogieuses qu'elle veut bien faire de mon travail, de la critique qu'elle m'adresse sur ce que serait ma conception des rapports de l'âme et du corps comme relevant de la synchronicité. Je me suis sans doute mal exprimé sur ce point, car ce n'était certes pas ce que je voulais dire. Comme je ne veux pas d'autre part me donner la trop grande facilité de corriger mon texte a posteriori, je crois nécessaire de bien faire ressortir dans cette note, que ces rapports me semblent à l'évidence relever de l'existence d'un Unus Mundus *et qu'ils ne représentent pas la* manifestation, *mais l'une des* conditions de possibilité *essentielles de la synchronicité. Comme le dit clairement von Franz,* soma *et* psyché *sont en interaction dans l'expérience — mais renvoient dans leurs racines à cette notion de* corps subtil *dont Jung avait fini par admettre l'hypothèse. Plus, je pense personnellement que l'Unus Mundus comme plan de la* Sophia, *représente de ce fait le lieu d'élection de ce corps — c'est-à-dire qu'il serait lui-même un* monde subtil *qui ne peut être, il me semble, que le seul monde possible pour l'âme individuée. Je suis heureux de constater une fois de plus à quel point je me trouve dans un profond accord avec Marie-Louise von Franz, et comme celle-ci m'apparaît comme la plus légitime continuatrice de Jung dans ses dernières avancées.*

SYNCHRONICITÉ ET UNITÉ DU MONDE

par Pierre Solié

« La synchronicité signifie d'abord la simultanéité d'un certain état psychique avec un ou plusieurs événements extérieurs qui apparaissent comme des éléments parallèles *signifiants* par rapport à l'état subjectif du moment, et — éventuellement — vice versa. » (C. G. Jung, *La synchronicité, un principe de connexions acausales*).

« Par *Unus Mundus* G. Dorn entend le monde potentiel du premier jour de la création où rien n'existait encore *in actu,* c'est-à-dire dans le Deux et la pluralité, mais seulement dans le Un. L'unité de l'homme [...] signifie également pour Dorn la possibilité de produire aussi l'unité avec le monde, non pas avec la réalité multiple que nous voyons, mais avec un *monde potentiel* qui correspond au fondement éternel de toute existence empirique, tout comme le Soi est le fondement et la source originelle de la personnalité et comprend cette dernière dans le passé, le présent et l'avenir. » (C. G. Jung, *Myst. Conj.*, II, VI, 9).

« C'est avant tout le fait de l'arrangement acausal ou, mieux, de l'*ordre signifiant*, qui pourrait jeter une lumière sur le parallélisme psycho-physique. Le fait du *savoir absolu* qui caractérise le phénomène synchronistique, c'est-à-dire le fait de la connaissance transmise hors de tout organe des sens, appuie l'hypothèse et même exprime l'existence d'un sens en soi. » (C. G. Jung, *La synchronicité...* D, Récapitulations)[1].

---

1. C. G. Jung, *Synchronicité et Paracelsica*, et *Mysterium Conjunctionis*, Albin Michel, Paris. Noter que Jung n'a pas attendu Lacan pour faire de l' « ordre signifiant » celui de l'Inconscient.

I. — LA SYNCHRONICITÉ EST UNE EXPÉRIENCE DE L'IRRA-
    TIONNEL DANS LA TRAME DU RATIONNEL ET DE
    L'ACAUSALITÉ DANS LA CAUSALITÉ

1) *La clairvoyance " pneumatique " d'Anne*

L'asphalte sous la torride chaleur du mois d'août saharien,
dessine des arabesques tremblotantes et dansantes, vite dissi-
pées par le simoun qui dresse çà et là des spirales tournoyantes
de grains de sables tout à coup épris d'air et de ciel.

Nous roulons à tombeau ouvert depuis le matin sur la bande
lisse et droite qui nous mène d'Alger à Ghardaïa. Il est trois
heures de l'après-midi. Depuis longtemps déjà nous avions
remarqué les carcasses noires et déchiquetées de pneus aban-
donnés de loin en loin sur les bas-côtés de la transsaharienne.
Les Algériens attendent que leurs pneus meurent sur place,
avions-nous nonchalamment déclaré avant de ne plus y porter
aucune attention et de nous laisser engloutir par le simoun
brûlant et étouffant qui s'engouffrait largement par les quatre
vitres grandes ouvertes.

C'est à ce moment que, de l'arrière, Anne, la compagne de
mon ami conduisant la voiture, lui demanda de s'arrêter afin de
prendre dans le coffre l'eau et les comprimés susceptibles de
calmer une migraine suraiguë qui venait de se saisir d'elle.
" Attendons une ombre, lui dit mon ami, sinon nous allons
cuire. " Cinq minutes passent, sans ombre. Anne continue à se
plaindre. Ma femme, à côté d'elle, la réconforte du mieux
qu'elle le peut. Elle réitère sa demande car elle va vomir. Mon
ami, imperturbable, continue sous le soleil de feu et dans le
vent brûlant qui claque nos visages. Anne vomit. Un laps de
temps passe encore. L'état migraineux empire. Je pense à une
insolation possible. De toutes les manières, rien ne nous relie à
la civilisation ; le mieux est donc d'atteindre au plus vite le
prochain village où, peut-être, un téléphone sera installé et, au
bout, un hélicoptère... hypothétique. Anne veut maintenant
impérieusement uriner... Il faut nous arrêter... Au loin — est-
ce un mirage ? — un gros arbre se profile. Nous approchons,
l'arbre est bien là, dans son objective réalité. Un tamarinier

sans doute, nourri à l'eau profonde d'un oued asséché. Probablement le seul sur quatre cents kilomètres. Nous faisons halte à son ombre. Anne boit une eau à cinquante degrés environ, engloutit ses comprimés, les vomit, en réabsorbe, se rétablit, se réhydrate, bref, émerge de son état moribond en quelques instants. On va pouvoir reprendre la route.

Machinalement je fais le tour de la voiture et, ô surprise, je découvre le pneu avant gauche prêt à perdre toute sa gomme, déjà détachée de la toile, déchiquetée aux angles reliant la bande de roulement aux flancs. Bref, un miracle que nous n'ayons pas éclaté à cent quatre-vingt kilomètres-heure en plein désert...

" Anne, tu nous a sauvé la vie ", dis-je.

Nous comprenons alors la signification des squelettes de pneus disséminés sur les bas-côtés de l'asphalte tous les quinze à vingt kilomètres. Nous comprenons que sur ce revêtement brûlant, dans cette atmosphère d'incendie, cent quatre-vingt kilomètres-heure sont bien plus qu'il n'en faut pour fondre la gomme de tous les pneus du monde. Nous comprenons qu'il faudra nous contenter de quatre-vingt à quatre-vingt-dix kilomètres-heure, en reposant et surveillant les pneumatiques. D'autant que, désormais, nous n'aurons plus de roue de secours au long des cinq mille kilomètres que nous parcourrons au-delà de Ghardaïa.

Nous comprenons donc bien des choses importantes, mais pas la relation entre la détérioration " matérielle " du pneu avant gauche et celle, psychosomatique, d'Anne. Mon ami, rationaliste et matérialiste convaincu, rit du rapprochement que je fais mais il rit jaune ! Anne se porte maintenant à merveille, plus rien ne paraît de son malaise et celui-ci ne reparaîtra plus jamais le long de ce parcours saharien. Quel baromètre du danger et quelle Providence, elle assumait alors pour nous...

2) *Les trois niveaux de synchronicité précognitive de Laure*

Laure m'est adressée par son oncle, un confrère et ami psychiatre. Elle a vingt-quatre ans. Elle est étudiante en psychologie mais travaille déjà dans un centre de jeunes drogués. Du moins, essaye-t-elle de travailler, car elle est de plus en plus dépressive, " vide ", voire confuso-onirique et, donc, dépersonnalisée (*border line*). Elle a déjà consulté plusieurs confrères freudiens : transfert massif qui, renvoyé à lui-même — ou à elle-même — aggrave son état. Ou elle les a quittés ou ils l'ont gentiment éconduite. Sa thématique onirique — diurne et nocturne, mais c'est le même état de conscience — tourne autour des phénomènes de la mort. Le noyau en est la mort (réelle) de sa mère, neuf ans plus tôt, accompagnée d'une absence notoire de structure paternelle positive (paradigmatique). Le père, en effet, après une longue maladie, avait pour principale occupation de peindre à longueur de journée des visages du Christ et des visages de clowns.

A la fin du premier entretien, comme mes confrères freudiens, je l'aurais volontiers " renvoyée " à elle-même ou, pis encore, à une hospitalisation, n'eussent été mes bons rapports avec l'oncle psychiatre, auquel néanmoins je téléphonai mes impressions et mes craintes.

Je " plongeais " moi-même, à l'époque, dans l'archétype de la Grande Mère et de ses Fils — et Filles — amants. Ce fut sans nul doute la vraie raison qui me la fit accepter — c'est-à-dire accepter d' " oniriser " avec... De vivre avec elle le deuil pathologique de sa mère — de " ma " mère également (morte elle-même quand j'étais âgé de onze ans).

A la troisième séance, le discours oniroïde de Laure attira plus particulièrement mon attention. Où avais-je entendu — ou lu — cette thématique de l'au-delà de la mort ? A force de concentration sur ce thème et des souvenirs s'y rapportant, surgit soudain à ma conscience, un titre : *Le Livre des morts*. Mais quel *Livre des morts*, le *Bardo-Thödol* des tibétains ou celui, bien plus ancien, des égyptiens [2] ?

Les deux, à n'en pas douter. La différence fondamentale entre l'un et l'autre résidant particulièrement en ce que l'un, le " Bardo ", nous impose de devoir abandonner ces images-archétypiques parce qu'illusions (*maya*) du désir (*kâma*), sous

---

2. Noter que, d'une manière ou d'une autre, toute civilisation a sa mythologie de la mort. Cf. pour le « Bardo », le chapitre de L. Aurigemma, *Psychologie analytique et voies orientales d'évolution*, dans son livre *Perspectives jungiennes*, Albin Michel.

peine de non-libération et donc, de réincarnation " karmi-
que ", tandis que celui des anciens égyptiens nous assure, au
contraire, de la totale réalité objective de ces Images. Grossièrement les Images-archétypes sont les mêmes dans les deux
thématiques de l'après-mort — c'est-à-dire du deuil, de
l'initiation et de la transcendance de la mort " là-maintenant "
— mais dans l'une, il convient de les combattre pour s'en
débarrasser à jamais, dans l'autre, de les combattre également
mais pour les dépasser dans une transcendance que nous
dirons, après H. Corbin, " *imaginale* " par rapport à leur
immanence, que nous dirons, après J. Lacan, " *imaginaire* ",
c'est-à-dire *maya* (mystifiante par confusion du *moi* et de son
double comme de l'*autre* et du *complémentaire : animus* ou
anima)[3].

Je compris alors que la voie suivie par mes confrères
freudiens était la " voie sèche " du " Bardo ", sans qu'ils s'en
doutassent, je pense. Or, Laure nous demandait instamment la
" voie humide " des images que vivaient les anciens égyptiens.
Il lui était vitalement nécessaire de croire à la réalité objective
de ces images du " Bardo ", du " monde intermédiaire ", des
" douze pylones (portes) d'Osiris ". Et ceci, simplement pour
retrouver sa mère morte et sa propre identité encore fusionnée
à elle (aliénée, engluée, dissoute en elle, " *imaginaire* ").

Bien entendu, Laure ignorait jusqu'à l'existence de ces
Livres des morts.

Alors, nous plongeâmes tous deux dans celui des anciens
égyptiens. Les séances, très fréquentes, se passaient pour elle
" sous " les coussins de mon divan — son sarcophage — et
l'onirisme de cette jeune parisienne de la deuxième moitié du
XXᵉ siècle chrétien, rejoignait thème par thème l'onirisme
égyptien de la Vᵉ dynastie (2600 ans avant notre ère), époque
où s'inscrivent sur la pierre les *Textes des pyramides*.

Ainsi se constitua peu à peu chez elle un *imaginal* de la vie
après la mort que lui avaient radicalement interdites et ses

3. Pour ces concepts, cf., de l'auteur, *La femme essentielle*, Seghers, Paris,
1980, *Psychanalyse et imaginal*, Imago, Paris, 1980 ; *Mythanalyse jungienne*,
E.S.F., Paris, 1981 ; de M. Cazenave, *La subversion de l'âme*, Seghers, Paris,
1981 ; *Les empereurs fous* (coll. R. Auguet), Imago, Paris, 1980 ; *La science et
l'âme du monde*, Imago, Paris, 1983.

études " sèches " de psychologie, et ses rencontres avec les
thérapeutes antérieurs niant toute réalité objective au monde
des Images-archétypes (niant en somme l'objectivité de la
réalité psychique archétypique) et abandonnant ces images
originaires (*urbilder*) au seul registre de l'imaginaire mystifiant.

Après cela — et sans jamais cesser, encore aujourd'hui, de
le travailler — nous reconstituâmes l'appartement de son
enfance, abandonné depuis la mort de sa mère, et tout proche
de celui que j'habitais moi-même à la même époque... Pièce
par pièce, recoin par recoin, nous le ré-habitions — et ré-
habilitions — tandis que Laure ré-habitait son corps en s'y
reconnaissant, dans un miroir que je lui présentais (parce
qu'elle me disait ne pas s'y reconnaître).

Un peu plus tard, quelle ne fut pas ma stupéfaction de
l'entendre me dire : " Votre village natal, c'est celui de mes
ancêtres. Mon nom est celui qu'il portait jusqu'au XVIIᵉ siècle
(de notre ère !) et mon premier nom est celui de la propriété où
mes ancêtres sont nés, près du village. " Je ne la crus pas. Elle
me fournit les documents. Tout était exact.

Nous voici donc avec Laure, en présence de trois niveaux,
trois stades, trois nœuds de la Mémoire (*Memoria, Mnémosuné*),
trois nœuds entrant en interférence, en coïncidence de phase
avec les miens :

a) un " nœud mémorial " commun à l'humanité entière :
l'imaginal égyptien de la mort, en lequel son deuil pathologique l'avait plongée et qui, à travers le thème du dieu mort,
morcelé et ressuscité (Osiris et Iris), occupait la première place,
à l'époque, en mon propre " processus d'individuation "
essayant d'opérer l'individuation de mon *Je* par rapport à mon
" *double* " osirien, et de l'*autre*, par rapport à mon " *complémentaire* " isien ; en y ajoutant les *ombres* corrélatives : Seth
pour le " *double* " et Hathor vampirique pour le " *complémentaire* ".

b) un " nœud mémorial " qu'on peut appeler, ici, de
" lignage ", celui de ses ancêtres, qui l'enracinait dans la même
terre d'origine que la mienne (il n'existait à Paris qu'un seul
analyste répondant à cette condition et elle l'ignorait bien
entendu.)

c) un " nœud mémorial " individuel, celui de son propre

lieu de naissance, proche de mon appartement à l'époque la plus significativement dramatique de sa vie et que Laure voulait, pour mieux le reconstituer dans son souvenir, que nous allions visiter, parmi ses actuels occupants... Heureusement, un frère aîné suffit à lui affirmer, en ma présence, l'exactitude de sa reconstitution sur plan.

Etranges coïncidences à travers l'espace et le temps. Etranges " connexions acausales " qui font sens — ô combien ! — pour Laure et pour moi... Pour d'autres aussi d'ailleurs.

Avant de nous livrer à l'analyse de ces deux cas de synchronicité, il convient que nous tentions d'élaborer quelques concepts qui diffèreront, en certains points, de ceux que Jung avait lui-même tenté d'élaborer voici une trentaine d'années et notamment en collaboration avec W. Pauli, prix Nobel de Physique[4].

Mon " collaborateur " physicien sera, ici, H. Reeves[5].

II. — LA SYNCHRONICITÉ COMME PRINCIPE D'INFORMATION ABSOLUE (" SAVOIR ABSOLU " DE JUNG) DU " MONDE UN " (*UNUS MUNDUS* DE DORN ET JUNG)[6]

La grande hypothèse de Jung en matière d'explication de ces phénomènes violant les sacro-saintes lois de la nature élaborées depuis Newton *via* Aristote et Descartes (pour ne citer que les plus " saillants ") est, je le rappelle, qu'il est, face à l'espace-temps des physiciens contemporains, et à leur causalité (déterminisme de cause à effet), une a-causalité, c'est-à-dire un lieu-" sans lieu ", un temps-" sans temps "[7] et une causalité-" sans causalité ". En gros, et autrement exprimé, il est un monde du non-monde, un " vide " enfin, sans lequel le " plein " de l'espace-temps et de sa causalité n'aurait aucun *sens*, parce

---

4. *Naturerklärung und Psyche*, Zurich, 1952 (vol. 4, Etudes du " C.G. Jung Institut ", Zurich).
5. *Patience dans l'azur, l'évolution cosmique*, Seuil, Paris, 1981 et l'article dans le même livre, *Incursion dans le monde acausal*, *supra*.
6. *Mysterium conjunctionis*, trad. E. Perrot, Albin Michel, 2 vol., Paris, 1980-1981 ; vol. 2 notamment ici.
7. Ne jouez pas sur les mots...

qu'incapable de se concevoir : tant dans sa conception physique d'engendrement, qu'intellective de compréhension et de signification.

" La synchronicité, nous assure Jung, présuppose un *sens a priori* en rapport avec la conscience humaine, qui semble exister en dehors de l'homme. Une telle hypothèse apparaît surtout dans la philosophie de Platon qui admet l'existence d'images transcendentales, modèles (archétypes) des choses empiriques, les *eidé* (formes, *species*) dont les images (*eidôla*) sont les choses. "

Et il continue : « Les " causes finales "[8] posent — dans quelque sens que l'on tourne le problème — une *préscience d'une certaine nature*. Il est donc certain que ce n'est pas une connaissance liée au *moi*, donc une connaissance *consciente*, telle que nous la possédons, mais plutôt un savoir " inconscient " existant en soi, que je désignerai du nom de *savoir absolu*. Il ne faut pas entendre par là une connaissance, mais, comme Leibniz l'a formulé d'une façon frappante, une *représentation* qui consiste — ou mieux, paraît consister — en " simulacra " sans sujet, en images. Ces images postulées sont probablement identiques à ce que j'ai dénommé *archétypes*, qui se révèlent comme des facteurs formels dans les productions spontanées de l'imagination. »

Quand nous aurons ajouté à ces citations de Jung, celle qu'il tire lui-même d'Agrippa sur l' " âme du monde " (*anima mundi*) : " vie unique remplissant toutes choses afin de rendre *une* la machine du monde tout entière ", nous aurons à peu près fait le tour — ultra-rapide — des maîtres piliers de l'hypothèse de Jung sur la synchronicité ; ne perdons pas de vue, néanmoins, ni la " transgressivité " de l'archétype au niveau du " psychoïde ", induisant sa manifestation dans la *psyché* et la *matière* simultanément ; ni la *creatio continua* s'insérant pourtant dans un acte de création unique. Autre-

---

8. " Principe de finalité ", complémentarisant, pour certains — biologistes notamment — le " principe de causalité " (déterministe), mais généralement refusé par la majorité de l'esprit scientifique. Néanmoins un biologiste matérialiste, tel J. Monod (*Le hasard et la nécessité*, Seuil, Paris, 1970) ne peut en faire totalement l'économie et nomme cette forme de finalité, " téléonomie " (loi finale).

ment dit, tout ce qui advient dans le temps (création continuée), s'insère en permanence dans un non-temps (création
unique).

Reprenons brièvement ces maîtres piliers pour nous en
pénétrer mieux.

La synchronicité (acausale) forme avec la causalité un couple
d'opposés, comme l'espace avec le temps, mais couplés entre
eux dans une quaternité unitaire.

La synchronicité est en connexion avec la causalité, avec
l' " énergie indestructible " (sa conservation) et avec le continuum espace-temps. Mais cette connexion, à l'inverse de celle
de la causalité, est inconstante à travers sa contingence, et
porteuse d'*analogie* (" correspondances " et " signatures " de
la pensée pré-réflexive, magique) et de *sens*. On pourrait la dire
même porteuse du *sens* (signification, " signifiance ") des trois
autres paramètres des deux quaternités jungiennes.

Ce *sens* est *a priori*. Il existe hors de la conscience humaine,
c'est-à-dire qu'il est sans sujet, à la manière des Idées (*Eidé*,
Idées essentielles) de Platon, se manifestant sous forme
d'images (*eidola*) sans *objet*.

C'est exactement, à mon sens, ce que H. Corbin définira
plus tard comme *imaginal*[9] que nous avons déjà différencié de
l'*imaginaire*.

Ce système d'*Eidé* et d'*eidola* (Idées essentielles et images)
est à la base, nous assure Jung, de l'imagination. Mais de
l'*imaginatio vera* (imaginal) des alchimistes — et non de leur
imaginatio fantastica (imaginaire). Ce que Corbin, plus tard,
nommera " imagination agente " ou " active " ou " créatrice "
ou même " fonction imaginatrice "[10].

Ce sens *a priori*, après Leibniz, lui-même repris par Hegel,

9. H. Corbin, entre autres : *Corps spirituel et Terre céleste*, Buchet/Chastel,
Paris, 1979 ; *L'imagination créatrice dans le soufisme d'Ibn Arabi*, Flammarion,
Paris, 1958.

10. Jung, de son côté, avait déjà désigné du nom d' " imagination active "
une technique de psychothérapie ayant pour but de faire surgir ces *eidola*
(images archétypiques) exprimant ce sens *a priori* (potentiel) afin qu'il
s'actualise de la sorte en la conscience humaine d'un groupe (religieux par
exemple) ou d'un individu. Ces *eidola* expriment ce que Jung nomme aussi
" psyché objective " ou " réalité psychique objective " en corrélation avec la
réalité physique objective, objet des sciences de la nature.

Jung va le nommer *savoir absolu* de l'univers, inconscient de lui-même (je préférerais dire *potentiel* par rapport à l'*actuel*). C'est la conscience humaine qui va particulièrement l'actualiser en images et en discours. Par exemple, la découverte fondamentale d'Einstein $E = m.c^2$, est un savoir conscient et relatif — c'est le cas de le dire — mais avant l'" intuition " du savant, il n'en était pas moins contenu dans l'univers, dont il constituait une parcelle du savoir absolu et inconscient (potentiel). Einstein n'a fait en somme — mais quelle somme ! — que de l'actualiser dans le *Noos*. Le raisonnement est le même pour une image (*eidolon*) psychique d'un prophète mystique qui va imposer, parfois pour plusieurs millénaires, une structure mythique à une civilisation : ainsi, par exemple, en ce qui concerne l'Occident, Jahvé à travers Moïse et le Christ à travers Jésus [11].

Je nommerai l'intuition scientifique d'Einstein, traduite en langage mathématique, un *Noos*, donnant à ce mot grec son sens de pensée du type intellectuel et donc différent du *Noûs*, esprit, que nous retrouverons, lui, en ce que je nommerai, toujours en référence héllénique, le *Pneuma* (lieu des " essences " de l'Eidos platonicien précédemment cité avec Jung).

Je laisserai à l'intuition apophatique de Moïse et Jésus le nom d'*Eidos*, c'est-à-dire de Forme, Beauté, Idée... que je différencierai de l'*Eidolon* qui n'est que l'image-représentation (voire l'image fantôme ou idole) oscillant du registre de l'*imaginaire* mystifiant (idôlatrie) à celui de l'*imaginal* individuant (adoration éventuelle de ce qui nous transcende en nous distinguant — alors que l'*eidolon* de l'imaginaire nous transcende, certes, mais en nous confondant — et en confondant aussi l'image et l'objet qui la porte) [12].

Voilà pour le point de vue platonicien repris par Jung. Mais il va nous falloir y adjoindre — conjoindre même — le point de

11. Nous simplifions à l'extrême. Il est bien entendu que Jahvé n'est pas le fruit de l'unique imaginal de Moïse, pas plus que le Christ n'est le fruit de celui de Jésus, les deux hommes ont eu quelques prédécesseurs... Tout comme Newton et Einstein du côté du *Noos*.

12. L'*eidolon imaginaire* se confond avec l'objet qui le porte ; l'*eidolon imaginal* s'en sépare.

vue aristotélicien, se fondant lui, à l'opposé, sur ce que les grecs nommaient la *Physis;* c'est-à-dire la Nature, qui deviendra notre science de la nature. Chez Aristote, celle-ci se définit par l'émergence — (*eidolon*) — d'une *Hylé,* c'est-à-dire d'une substance matérielle (le bois, l'airain, la pierre) qui servira, par exemple, de matériau pour la fabrication d'un ustensile ou la création d'un objet d'art.

A côté de cette *Hylé,* Aristote place, *en nous* (*eidolon*), l'émergence d'une *Morphé,* c'est-à-dire d'une forme que prendra la *Hylé* sous les mains de l'artisan ou de l'artiste (les deux étaient confondus en Grèce). Plus loin, nous nommerons " images-objets O " la *Morphé* d'Aristote, et " Images-objets O' " sa *Hylé.* Il faut bien nous " actualiser " ! Mais qui n'a déjà perçu que la forme (*Morphé*) que l'artiste donne à sa statue est tout autre chose que la *Matière* (*Hylé*) qui la constitue ? La *Forme* d'Aristote a partie liée à l'*Eidos* (*Idée*) de Platon.

Ceci étant posé, venons-en à nos physiciens contemporains et, notamment, comme nous l'avons annoncé, à H. Reeves, pour commencer.

Celui-ci, en effet, nous présente quatre données de la physique actuelle qui pourraient fort bien, à son sens, relever — aujourd'hui encore en tout cas — du principe d'acausalité énoncé par Jung en collaboration avec Pauli.

1) La radioactivité émise par certains corps chimiques (radium, plutonium, par exemple) vient de l'éclatement des noyaux des atomes de ces corps, par un excès de charge électrique dû à une surcharge en protons. " Jusqu'ici, nous dit Reeves, nous sommes en pleine causalité. Une cause : la charge excessive ; un effet : la cassure. Mais si nous nous demandions pourquoi *tel* atome casse en premier et *tel* autre ensuite, il semble bien que nous plongions dans l'*acausalité* [13]. " C'est-à-dire dans l'une des caractéristiques majeures de la synchronicité de Jung.

2) L'éclat de l'explosion initiale de l'univers, " Big-bang " daté à quinze milliards d'années en arrière, a laissé une trace dans l'espace extragalactique : une lueur " fossile ", réfrigérée

13. Souligné par moi.

(à − 270°) et affaiblie par l'expansion de l'univers durant cette longue période.

Les atomes qui ont émis ce rayonnement, à l'origine, étaient tous à la même température. Or, ceux-ci n'avaient pas, et n'avaient jamais eu de " relations causales ", le temps écoulé entre le " Big-bang " et l'émission du rayonnement ayant été trop court. « Comment, dès lors, demande Reeves, sont-ils arrivés à avoir très exactement la même température ? » Autrement dit, comment l'*information* a-t-elle été transmise d'un atome à l'autre, universellement ?

Et cette question reste valable pour l'ensemble des lois de la physique : « l'observation des galaxies les plus lointaines nous montre que tous les atomes obéissent très exactement aux mêmes lois dans tout l'univers, *même si ces atomes n'ont jamais eu de " relations causales "* [14]. »

Un seul moyen de se sortir de ce dilemme : ne plus localiser les propriétés (information) physiques sur les particules élémentaires, mais les penser en dehors de celles-ci, comme un " savoir " de la matière, c'est-à-dire un " savoir absolu ", une " information absolue " *a priori,* interdépendante, certes, de la matière (corpusculaire, atomique et moléculaire) mais non exclusivement localisée en elle.

3) Cette " non-localisation " de l'information dans les particules matérielles explique du même coup, et sans enfreindre les lois de la physique relativiste comme de la physique quantique, le fameux paradoxe de Einstein-Podolsky et Rosen (EPR) dont on sait qu'il était un des arguments majeurs — mais vain — de Einstein contre la mécanique quantique. L'information, en effet, n'a pas à se propager d'une particule à une autre ; elle habite, en somme, un domaine reliant en permanence et partout tous les éléments de l'univers. Elle est omniprésente et omnisciente. « L'univers reste toujours et partout " présent " à lui-même. »

4) C'est aussi ce que révèle l'expérience du pendule de Foucault dont le plan d'oscillation, délaissant la terre et les planètes de notre système solaire, s'incline au profit des galaxies lointaines " dont la somme des masses représente la quasi totalité de la matière de l'univers observable ". Pourquoi ?

14. Souligné par moi.

« Mach a proposé d'y voir une sorte d'action du " global " sur le " local " du pendule » ; et là encore sans localisation ni propagation de l'information, au sens de la physique tradition-nelle. « Le plan acausal [...] serait celui sur lequel s'inscrirait la question du " sens " ou de l' " intention " dans la nature. Sur ce plan intemporel, la conscience de l homme appartiendrait à l'univers comme inscrite dans son évolution. »

Nous retrouvons en ce discours de réflexion scientifique d'aujourd'hui toutes les propriétés décrites par Jung dans son concept de synchronicité.

Revenons-en maintenant à ce que nous avons déjà dit d'Aristote. Rien ne nous empêchera de nommer la *Hylé*, la représentation, *en nous*, de la " réalité physique objective ", située dans le temps, l'espace et la causalité ; *Morphé*, la représentation, *en nous*, de la " réalité psychique objective " (le " sens " et l' " information ", non-localisables et non-tempori-sables : aspatio-temporels et donc acausaux).

Au moment du " Big-bang " cosmogonique, nous assistons à l'actualisation de la " réalité physique objective " tandis que la " réalité psychique objective " demeure potentielle — mais non pas inactive. La " réalité physique objective " en expan-sion et complexification (corpuscules → atomes → molécules minérales → molécules organiques → molécules vivantes → évolution des espèces vivantes jusqu'à l'homme sur notre planète) subit une évolution généralement *entropique* (vers sa dégradation thermodynamique, la " mort ") ; tandis que la " réalité psychique objective " (propriétés *émergentes* des diffé-rentes complexifications, jusqu'à la conscience humaine) jouit d'une évolution généralement *néguentropique* [inverse de la dégradation entropique connotant une information (" sens ") de plus en plus importante].

Ces deux " réalités " cheminent concurremment, l'une (la physique) dans son *actualisation* progressive ; l'autre (la psychi-que) dans sa *potentialisation* apparemment toujours égale à elle-même mais s'actualisant (se manifestant) de manière significa-tive à chaque nouveau niveau d'émergence de structures plus complexes connotant un niveau d'information (sens) plus élevé (de l'hydrogène à l'hélium, etc., mais aussi du $E = 1/2 \ m.v^2$

de Newton au $E = m.c^2$ d'Einstein; et de Jupiter à Jahvé archaïque et au Christ).

L'émergence la plus significative sera celle de la Vie (*Bios*)[15] en laquelle les deux réalités — et leur entropie et leur néguentropie — semblent à peu près s'équilibrer dans le mélange — ou plutôt la combinaison — qui s'opère de l'une et de l'autre.

J'espère avoir déjà rendu sensible de la sorte le fait qui veut que *Hylé*, *Morphé*, *Noos* et *Eidos* sont des épiphanies (émergences) des deux réalités — physique pour *Hylé et Noos;* psychique pour *Morphé et Eidos* — en la conscience humaine. *Hylé* et *Noos* deviendront les *structures de représentation et de discours* de la réalité physique (sciences physiques au sens large); *Morphé* et *Eidos*, celles de la réalité psychique (sciences humaines au sens large mais, notamment, *imaginaire* et *imaginal* des connaissances artistiques, mythologiques, religieuses et idéologiques).

Dans mes études antérieures[16], j'ai nommé « O » l'émergence en notre psyché (âme) de l'image issue de la « réalité psychique objective ». Elle y formera l'assise de ce que l'on nommera un *Sujet*. Sujet individuel et relatif d'abord[17] et, au bout du compte, un Sujet radical et absolu que rien ne nous empêchera de nommer le *Soi* (l'être-Soi), l'ipséité de Duns Scot. Je nomme « O′ » l'émergence en notre psyché de l'image issue de la « réalité physique objective ». Elle y formera l'assise de ce que l'on nommera un Objet. Objet individuel et relatif d'abord; et, au bout du compte, Objet radical et absolu que rien ne nous empêchera de nommer l'Autre (l'être-Autre, *l'altérité* habituelle de la métaphysique)[18].

L'*Eidos* exprimera les images O (Sujet et Soi) principale-

---

15. Sous la forme de la molécule vivante élémentaire : l'acide désoxyribonucléique (ADN) qui a acquis la possibilité de se reproduire (préfiguration de la sexualité) et de se nourrir (préfiguration de la fonction digestive).

16. Voir particulièrement *La Femme essentielle, Mythanalyse de la Grande Mère et de ses Fils-Amants*, Seghers, Coll. L'Esprit jungien, 1980.

17. Nous distinguerons donc entre un " petit " sujet et un " grand " Sujet dont les archétypes sont le " double " et le Soi (*ipséité*).

18. Nous distinguons donc entre un " petit " autre renvoyant à celui de J. Lacan sans se confondre exactement avec lui et un " grand " Autre (*id.* Lacan) dont les archétypes sont le " complémentaire " et l'Autre.

ment; tandis que le *Noos* exprimera les images O′ (Objet et Autre) au premier chef.

En somme, l'*ipséité* (Sujet et Soi) peut se condenser en la théophanie mosaïque : *Je suis celui qui suis* — ou sa variante individuelle, *Je suis celui que je suis* (et il n'y en a pas deux comme moi), ce qui est rigoureusement vrai.

Quant à l'*altérité* (Objet et Autre), elle pourrait se condenser dans le corrélatif mosaïque : *Tu es celui qui es* — ou sa variante individuelle, *Tu es celui que tu es* (et il n'y en a pas deux comme toi), ce qui est rigoureusement vrai.

Reportons-nous à ce que nous avons déjà relevé du jeu de la *Physis*, du *Pneuma*, de l'*Eidos* et du *Noos*. Si nous en construisions un schéma, nous placerions sur son axe vertical (ordonnées), en bas, la cosmogonie de la *Physis* (matière) et en haut, l'eschatogonie du *Pneuma* (Esprit). Posons maintenant sur l'axe horizontal (abcisses), le Soi (ipséité) du côté de l'*Eidos*, et l'Autre (altérité) du côté du *Noos*. Ces quatre points cardinaux de notre microcosme, inclu dans le macrocosme, plaçons-les entre " moins l'infini " $(-\infty)$ et " plus l'infini " $(+\infty)$ pour signifier simplement qu'il n'y a ni vrai Commencement (cosmogonie) ni vraie Fin (eschatogonie), dans l'absolu, c'est-à-dire dans l'acausalité — ou en temps logarithmique physicien. De la même manière qu'il n'y a aucun vrai Commencement pour le *Soi* ni vraie Fin pour l'*Autre* (ou réciproquement ici). Autrement dit, l'absolu de l'Etre — tant en sa subjectivité qu'en son objectivité — nous demeurera absolument et radicalement inaccessible, inconnaissable, impénétrable. Nous n'en connaîtrons au mieux , que ses manifestations successives dans l'*Eidos* (Sujet, Soi) et dans le *Noos* (Objet, Autre), qu'il nous faudra d'ailleurs sans cesse lui arracher de haute lutte. Recherche mystique — et amoureuse — et recherche scientifique — et philosophique — finalement, ne sont rien d'autre que cet " appel de l'Etre ", comme le nomme B. d'Espagnat [18], qui, en nous, cherche à se reconnaître et nous provoque à sa reconnaissance.

Rien ne nous empêche de le concevoir et même de le ressentir comme un " manque " ou comme un " vide "

19. *Un atome de sagesse*, Le Seuil, Paris, 1982.

ontologiques. Comme une permanente nostalgie d'un " paradis perdu ", c'est-à-dire d'une " unité " perdue, et vers laquelle, de toute notre âme, nous tendons à nouveau, mais vers le haut (le " pneumatique "), à partir du bas (le " hylique " des gnostiques).

Dès lors, notre *mandala* est à peu près complet. Il n'y manquera — pour l'heure ! — que deux nouvelles images qui auront à conjoindre avec les images O et O′ précédentes. Précisons néanmoins, au préalable, que c'est de la conjonction O-O′ que naît un mixte des deux réalités originaires (physique et psychique) que l'on nomme *réalité symbolique* (*sum-bolon :* relier, faire pont, afin que le message-information coupé en deux parties séparées puisse se reconstituer et faire " sens "-signification).

A partir de l'*Homo sapiens-sapiens* notamment, à la *réalité symbolique* O-O′ va conjoindre une nouvelle *réalité symbolique,* que nous nommerons P-P′ (arbitrairement), exprimant l'autonomie des *sujets* individuels et relatifs, par rapport au *Sujet* radical et absolu (ipséité)[20], et celle aussi des " *autres* " individuels et relatifs par rapport à l'*Autre* radical et absolu (altérité)[21]. O et O′ représentent les images primordiales cosmiques et collectives qui nous aliènent en ce que nous avons défini comme *imaginaire* (mystifiant), côté *Morphé* et *Hylé ;* tandis que P et P′ sont ces mêmes images, mais assumées et différenciées en un individu qui les exprime sans y être plus aliéné (" individuation "), dans le registre que nous avons défini comme *imaginal* (" individuant "), côté *Eidos* et *Noos.* *Voilà donc notre mandala* maintenant — mais sans nul doute momentanément — complet.

Livrons-nous à quelques remarques : le " Big bang " cosmogonique, disions-nous, *actualise* la " réalité physique objec-

20. Dont les archétypes sont, je le rappelle, le " double " et le Soi (primaire ou grandiose, puis terminal ou eschatologique).
21. Dont les archétypes sont, je le rappelle, le " complémentaire " (animus et anima) et l'Autre (primaire ou grandiose, puis terminal ou eschatologique). Le Soi et l'Autre " primaires " sont ceux qui nous aliènent et nous mystifient (imaginaire). Le Soi et l'Autre " terminaux " sont issus de la différentiation de la première partie de la vie et surtout, de l'*individuation* de la seconde partie de la vie (*imaginal* proprement dit).

tive " et *potentialise* (refoule) la " réalité psychique objective ".
Mais celle-ci, bien que potentielle (inconsciente), n'est nullement absente du " Big bang ". Non seulement elle n'est pas
absente, mais nous pouvons être certains que, sans elle, la
réalité physique ne saurait s'actualiser. Néanmoins, un corpuscule, un noyau d'hydrogène ou d'hélium contiennent encore
assez peu d'*information* (de néguentropie). La " réalité psychique objective " (informationnelle) habite alors un " autre
monde " — même s'il est dans celui-là, physique, qui va se
créant peu à peu. Au fur et à mesure qu'elle s'actualise elle-
même en des structures matérielles de plus en plus complexes
(lois générales de la physique : l'*information* de celle-ci), elle ne
s'y épuise pas pour autant. Elle continuera à occuper ce que
nous appelons " l'autre monde " : acausal, aspatio-atemporel ;
le monde de la signification, de l'analogie, du sens, de la
valeur... " Nous sommes plus liés avec l'invisible qu'avec ce
que nous voyons ", affirmait l'un des chantres de la Nuit,
Novalis [22] — qui en savait quelque chose. Et c'est vrai que,
même actualisée en nos structures physiques biologiques, elle
nous reste impénétrable, invisible, indicible en majeure partie,
sinon poétiquement.

Néanmoins le saut qualitatif de son actualisation en la réalité
physique s'opère avec l'apparition de la vie (*Bios*), sur notre
planète en tout cas.

Trois milliards cinq cents millions d'années plus tard
environ, un deuxième saut qualitatif va se produire, celui de
l'apparition de l'*Homo* (*habilis, erectus, néanderthalensis* et enfin
sapiens-sapiens). La conscience, dont les structures vivantes
étaient déjà dotées va, lors de cette mutation (protérogénéti-
que) [23], se réfléchir sur elle-même et, de *pré-réflexive* qu'elle
était, devenir *réflexive* [24] ; c'est-à-dire consciente d'elle-même.
C'est lors de cette mutation que nous passons des images O-O'

22. Novalis, *Les Hymnes à la nuit*, dans *Les Romantiques allemands*, trad.
Armel Guerne, Desclée de Brouwer.
23. Cf. mon article, *Biologie et Psychologie analytique* in *Cahiers de l'Herne*
sur C. G. Jung, Paris, 1983.
24. M. Merleau-Ponty, *La phénoménologie de la perception*, Gallimard,
Paris, 1945.

aux images P-P'. Mais attention! Consciente d'elle-même
signifie à la fois, consciente de sa réalité propre (psychique) et
consciente de sa réalité matricielle (physique). En cette mutation (*Homo sapiens-sapiens*), les deux principes actualisés vont
former un couple d'opposés — et donc de complémentaires
possibles — dont l'un s'exprimera dans l'*objet* même (image-
objet O' s'engrammant en nous) issu de la réalité physique
(Hylé, O') et évoluera vers une connaissance de cet objet
jusqu'à l'élaboration d'une science (discours) rationnelle (*Noos*,
Einstein) et une reconnaissance de l'*autre* (" petit ") jusqu'au
" grand " Autre (P'). Le deuxième principe (psychique objectif) s'exprimera dans le *sujet*[25] même (image-objet O s'engrammant en nous) issu de la réalité psychique (*Morphé*, O) et
évoluera vers une connaissance irrationnelle de ce sujet jusqu'à
l'élaboration d'une doctrine (discours) mythologique, religieuse et idéologique (*Eidos*, Jésus) et une reconnaissance du
sujet (" petit ") jusqu'au " grand " *Sujet* (P) que nous nommons, ici, le Soi (" Je suis la Voie, la Vérité, la Vie... ").

Remarquons que les deux principes majeurs sont respectivement soutenus de chaque côté (*Noos* comme *Eidos*) par le
principe contradictoire — et complémentaire — en
" mineure ". La connaissance rationnelle de l'objet et de
l'autre se fonde sur — et se complémentarise par — la
connaissance irrationnelle du sujet et du Soi, et réciproque-
ment. Noos $= \dfrac{P'}{P}$ et Eidos $= \dfrac{P}{P'}$. En langage " typologique "
jungien on pourrait dire que la " pensée extravertie " (tournée
vers l'objet) se soutient de la " sensation introvertie " (tournée
vers le sujet) du côté du *Noos*; et que " l'intuition introvertie "
(via sujet) se soutient du " sentiment extraverti " (via objet
= charité) du côté de l'*Eidos*. Tous les autres types psychologiques décrits par Jung dérivent par variations de ce schéma
de base.

Autrement dit, la conscience de notre principe de réalité
psychique est préférentiellement irrationnelle (art, amour,
mystique, mythique et religieux); tandis que celle de notre

25. Que nous devons nommer, par opposition à l'image-*objet* O', l'image-
sujet O.

principe de réalité physique est préférentiellement rationnelle (pensée, loi, science et technique). Ceci peut paraître bizarre au premier abord, mais quoi de plus rationnel, logique, déterminé, causaliste, mécanique que la *Physis* (et notamment son aspect " hylique ")? Quoi de plus irrationnel, improbable, indéterminé, contingent, acausal que le *Pneuma*, l'Esprit, qui souffle où il veut?

Autrement dit encore, la Physis se rationalise en la Psyché (*Noos*) et s'irrationalise en la Psyché (*Eidos*). La Physis se fait Psyché rationnelle (*Noos* à partir de *Hylé*) et Psyché irrationnelle (*Eidos* à partir de *Morphé*). Et toutes deux conjoignent en le *Pneuma* eschatologique.

C'est là le " chiasma " (type " optique ")[26] primordial de l'émergence de la Vie (Bios) en la Physis, centre de notre mandala. Et c'est la structure acide désoxy-ribonucléique (ADN) qui préside à cette mutation, constituant une préfiguration du *crossing-over* des chromosomes des cellules sexuelles distribuant les gènes héréditaires des deux parents à l'œuf issu de cette fécondation et induisant toutes les lois futures de la science génétique. Toute la biogénèse (*phylogénétique* des espèces, et *ontogénétique* d'une seule espèce considérée) est fondée sur ce *crossing-over* fondamental. Le *cross-cousin marriage* tribal, si cher à Lévi-Strauss, après Jung, sera également fondé sur ce chiasma. De même que celui, plus tardif, des *hiérogamies* Déesses Mères-Fils amants.

Remarquons encore que nous faisons du principe de réalité physique objective le porteur le plus significatif de l'*entropie* croissante (vers la " mort " thermodynamique), et du principe de réalité psychique objective, celui de la *néguentropie* croissante, c'est-à-dire de l'accroissement permanent de l'information (structurante et connaissante)[27] de l'univers se donnant une conscience de lui-même, et ce, jusqu'à la " Conscience absolue " de l'eschatogonie " pneumatique ".

Au début de notre univers (" Big-bang "), entropie et

26. Cf. P. Solié, *La femme essentielle*, Seghers, Paris, 1980.

27 Aristote distinguait déjà entre la " représentation-image " de ce que l'on perçoit et la " représentation-schéma " de ce que l'on veut faire ; c'est-à-dire entre " l'information-connaissance " et " l'information-structurante " porteuse d'ordre (cosmos) à partir du désordre (chaos).

néguentropie sont au minimum de leur valeur. Elles croissent ensuite toutes les deux en conjonction permanente. Le chiasma biogénique, c'est-à-dire l'actualisation de la *Psyché* en la *Physis*, les donne à peu près à égalité dans la matière vivante (*Bios*) qui subit inexorablement sa néguentropie (son évolution et sa " vie éternelle ", c'est-à-dire sa conscience). Nous savons que chaque gain de conscience nous coûte entropiquement très cher [28]. Le sacrifice est là. L'information nous est donnée mais non pas sa conscience. Celle-ci est une conquête éternellement sacrificielle parce qu'elle construit sa néguentropie (Vie, Conscience) sur une entropie (Mort, Inconscience) exactement proportionnelle. Je paie de la mort de ma *Physis*, le prix de la vie de ma *Psyché*. L'actualisation progressive de la *Psyché* s'exprime dans la néguentropie croissante proportionnellement à l'entropie croissante de la *Physis* (ceci est surtout vrai statistiquement, moins individuellement).

Physis et *Psyché* sont donc en permanente conjonction... Oui ! mais acausale ! En connexion de sens et non pas de cause à effet. Seule, la Physis potentialisant la Psyché fonctionne sur le mode déterministe causal et encore, pas tout à fait au niveau microphysique quantique [29]. Quand la Psyché est actualisée, la Physis prend, dans le Bios, une autre forme (*Noos* et *Eidos*). Peut-être ne faut-il pas limiter au Bios de notre Planète cette nouvelle forme. Peut-être faut-il la généraliser à l'Information absolue de l'univers en tant qu'*Unus mundus*. En effet, l'Information absolue — mais inconsciente — de cet univers est forcément modifiée par l'introduction de cette information relative mais consciente. La réalité physique consciemment informée, nous l'avons déjà nommée la rationalité (*Noos*, c'est-à-dire la Loi et la Science). Sa réalité psychique consciemment informée en constitue l'irrationalité (*Eidos*, c'est-à-dire l'Amour, la Mystique).

Quand on en arrive au pneuma, la réalité physique objective se potentialise dans son entropie même (sa mort apparente), mais s'actualise dans la " Ratio " (*Logos, Noos*) de la Psyché

28. Cf. E. Humbert : *Le prix du symbole* dans *L'Homme aux prises avec l'inconscient*, Retz, repris en « Espaces libres », Albin Michel.
29. Et même de la macrophysique des " amas " stellaires.

qui, depuis la Vie, l'accompagne dans l'actualisation. Tandis que la réalité psychique objective s'actualise dans sa néguentropie même (sa Vie et sa Conscience), mais sur le mode de la participation érotico-mystique, c'est-à-dire irrationnelle, acausale. A ce point, *Logos* (Noos) et *Eros* (Eidos) conjoignent dans le Plérôme retrouvé, l'eschatogonie " pneumatique ". Mais pour l'heure, en nous, le principe de réalité physique objective domine encore et nous impose sa Loi : causale, déterministe, rationnelle. Il nous l'impose même, en Occident, comme unique Loi. Et c'est pourquoi l'acausalité irrationnelle du principe de réalité psychique objective nous apparaît comme une rareté, une contingence n'obéissant à aucune Loi. En fait, dans l'absolu de l'univers (*Unus mundus*), il y a au moins autant de phénomènes acausaux (irrationnels, non déterminés causalement) que de phénomènes causaux (rationnels, déterminés) puisque, à chaque phénomène causal, correspond obligatoirement un phénomène acausal, c'est-à-dire un phénomène de dévoilement irrationnel du sens, par la participation *animiste* que ce dévoilement requiert. La moindre perception comporte sa part de dépersonnalisation (projection), c'est-à-dire sa composante animiste (Cf. M. Merleau-Ponty in *Phénoménologie de la perception*, op. cité)[30].

Dès lors, pourquoi hésiter à poser comme certaine la connexion acausale (synchronistique) entre la détérioration matérielle du pneu et la détérioration psychosomatique d'Anne ? La plus simple des perceptions nous montre cette connexion entre Psyché, matière vivante et matière non vivante. Si nous n'étions pas construits des mêmes matériaux que tout ce qui nous entoure, nous n'en percevrions rigoureusement rien, et un tel être, absolument autre (altérité radicale et absolue) est d'ailleurs parfaitement inconcevable. C'est bien pourquoi nous le nommons le " Dieu inconnaissable " ou " le Dieu qui n'est pas " ; le radicalement Autre, même s'il est, sur l'un de ses pôles, concurremment, un Autre soi-même (ipséité radicale et absolue). Il est l'Au-delà, l'Ailleurs. Dans notre

---

30. *L'animisme* peut se définir, en notre langage, comme l'état de fusion-confusion des images-objets O et O' (*imaginaire*) : " Objets inanimés avez-vous donc une âme Qui s'attache à notre âme et la force d'aimer ? " demande le poète de retour, à sa terre natale.

" cône " ou notre " sphère de lumière ", c'est-à-dire dans notre univers perceptible, nous sommes tous en connexion causale *et* acausale[31].

La connexion causale est celle de la Physis ; la connexion acausale, celle de la Psyché objective, complémentaire dialectique nécessaire de la Physis.

Ailleurs, (*La femme essentielle*), comme ici où nous l'avons repris, nous avons nommé O l'engrammation en un sujet de l'image-objet de la réalité psychique objective et O′ celle de l'image-objet de la réalité physique objective en ce même sujet[32]. De leur conjonction, nous avons fait naître le symbole (*Sumbolon*) qui " consciencialise " en la matière vivante ces deux réalités fondamentales de l'*Unus mundus* sous forme épiphanique, c'est-à-dire d'émergence consciente (pré-réflexive et réflexive) du sens, de la valeur et de la connaissance. Lieu épiphanique — et théophanique — où l'irrationnel acausal conjoint le rationnel causal.

Le pneu, causalement déterminé, était irrationnellement (acausalement) perçu par Anne, ou, si l'on préfère, Anne était irrationnellement captée par le pneu qui avait quelque chose de rationnel à nous dire. Et qu'est-ce qui, en ce monde, n'a pas quelque information à nous transmettre ? Tout y est information, du plus infime corpuscule quantique — ou subquantique — à la plus gigantesque galaxie. Seulement, en un tel cas, O et O′ sont encore confondus et s'expriment en langage archaïque du corps : hystérie et symptomatologie psychosomatique ici (imaginaire).

III. — DE LA SYNCHRONICITÉ PRÉ-RÉFLEXIVE À LA SYN-CHRONICITÉ POST-RÉFLEXIVE

Quant à Laure, depuis neuf ans (mort de sa mère), elle cherchait désespérément le " Passeur " (le " psychopompe " :

---

31. Cf. M. Cazenave, dans le même livre, *supra* ; *La science et l'Ame du monde*, Imago, Paris, 1983, où l'auteur distingue quatre plans de réalité de l'Etre Un inconnaissable, qui éclairent singulièrement notre propos.

32. Voir in *La femme essentielle*, les schémas I, V et VI notamment et voir aussi mon article des *Cahiers de Psychologie Jungienne*, n° 21, 1979.

Anubis et Isis, ici, en l'occurrence) qui lui permettrait le franchissement de cet abîme imaginaire (maya, " Bardo ", enfers) où la mort de sa mère l'avait " entropiquement " entraînée. Elle cherchait le " néguentropiseur ". Celui qui connaîtrait le chemin de l'émergence néguentropique, distributrice de sens (naissance seconde, " métanoïaque "). Il lui fallait franchir l'enfer de damnation de Seth (la Duat) pour atteindre celui de résurrection d'Osiris (l'Amenti).

Il lui fallait opérer la différentiation de la réalité psychique objective (O) par rapport à la réalité physique objective (O') confondues dans le deuil pathologique de sa mère — le corps de celle-ci étant dans un état de " Bardo " perpétuel en Laure.

Cette indifférentiation étant le propre de l'imaginaire (maya), c'est-à-dire de l'engluement de la *Psyché* néguentropique dans la *Physis* entropique. Cette différentiation-conjonction opérant l'émergence à la conscience (épiphanie), à la fois de l'*imaginal* irrationnel (" champ " d'irrationalisation éroticomystique et *Eidos*) et du *symbolique* rationnel (" structure de rationalisation et *Noos* "). Le dévoilement (conscience, donc séparation-différentiation) de la réalité physique objective s'opérant dans l'*objectivité* du *Noos* (rationnel), et celui de la réalité psychique objective s'opérant dans la *subjectivité* de l'*Eidos* (irrationnel). Dès lors, le *sujet* est nettement introduit par rapport à l'*objet* ; le *Soi* par rapport à l'*Autre*. L'émergence (actualisation) de la Psyché dans la Physis (se potentialisant entropiquement), étant constitutive de la coupure (*schize, spaltung*, Chute des mythologies), sujet/objet (Moi/Autre), puis de leur conjonction (O-O').

Mais attention ! La *Psyché* réflexive, rationnelle (*Noos*) autant qu'irrationnelle (*Eidos*), ne se réduit pas au Sujet, elle le dévoile comme elle dévoile l'Objet, dans la même " foulée ". Dans le même mouvement d'émergence psychique en la *Physis*, Sujet et Objet se dévoilent, contradictoirement d'abord (séparation, clivage, *schize*, chute, exclusion...), complémentairement ensuite (conjonction), à partir de la fusion-confusion originelle. Cette fusion-confusion n'étant rien d'autre aux débuts que l'actualisation de la Physis par rapport à la potentialisation de la Psyché. C'est à partir du chiasma de la

Vie que s'actualise à son tour la Psyché par rapport à la potentialisation progressive de la Physis en la matière *vivante*. Jusqu'à ce chiasma nous avons pu " trianguler " la situation à partir du schéma aristotélicien, à la fois, du potentiel (" en puissance ", réalité psychique) et de l'actuel (" en acte ", réalité physique); et à la fois de la Physis comprenant une substance (matière, *Hylé*) et une forme (*Morphé*)[33]. Au-delà de ce chiasma, nous avons pu " trianguler " la situation à partir du schéma platonicien de l' " Idée " (Pneuma) comprenant l'*Eidos* (image, essence irrationnelles) et le *Noos*, rationalisation symbolique de l'*Eidos*. Etant une fois encore entendu que le *Noos* sous-entend l'*Eidos* d'un côté, et que l'*Eidos* sous-tend le *Noos* de l'autre côté.

Si bien que, parvenus à ce point, nous pouvons distinguer à présent, il me semble, dans une perspective anthropologique, ou même anthropocentrique[34], trois étapes essentielles autour du cerveau humain[35] :

1° *L'étape diencéphalique* (hypothalamique) induisant un " champ d'irrationnalisation " animiste, magique, particulièrement zoomorphe[36], sur lequel se construit une " structure symbolo-magique ". Les phénomènes acausaux y sont au premier plan, mais " pré-réflexifs " (*imaginaires*)[37]. C'est là le champ et la structure du " chamanisme " et de la magie des peuples " etnologiques " — y compris ceux du XVIe arrondissement de Paris...

2° *L'étape archencéphalique* (ou archicorticale : " vieil encéphale ") induisant un " champ d'irrationalisation " mytholo-

33. « Par Hylé, j'entends par exemple l'airain, par Morphé la forme qu'elle prend et par le composé des deux, la statue, le tout concret. » Aristote, *Métaph.* Z3, Les Belles Lettres, Paris, 1966.

34. Construit encore comme un *mandala*. C'est dans mon livre *Médecine et Homme total* La Colombe, Paris, 1961 et Retz, 1964 que j'ai formulé ce mandala.

35. Que rien ne nous empêche de rapprocher des " trois états " d'A. Comte.

36. Il est malgré tout assez logique que le cerveau archaïque (animal) produise, à travers le néo-cortex, des images de notre propre animalité. Les rêves archaïques nous montrent aujourd'hui, à merveille — si j'ose dire — ce mécanisme et les temples et tombeaux d'Egypte se révèlent comme d'authentiques transformateurs d'animaux en hommes à travers les dieux.

37. Cf. M. Merleau-Ponty : *La Phénoménologie de la perception, op. cité.*

gique, zoo-anthropomorphe (l'*Anthropos* y fait sa véritable émergence), sur lequel se construit une " structure mytho-symbolique ", et déjà, philosophique. Les phénomènes acausaux y prédominent encore (oracles notamment) " pré-réflexivement " et déjà " réflexivement " (mytho-philosophie *imaginale*). Mais les phénomènes de causalité inhérents à la rationalisation symbolique de la Physis (Science) y font leur nette apparition. Le Sujet émerge nettement de l'Objet, le Moi de l'Autre, la science de la magie, l'érotico-mystique (*imaginale*) de la fusion-confusion animiste (*imaginaire*). C'est là le champ et la structure des peuples de l'Antiquité — y compris ceux du VIIᵉ arrondissement de Paris...

3° *L'étape néencéphalique* (ou néocorticale), avec son " champ d'irrationalisation " mystique imaginal et sa " structure " symbolo-scientifique de rationalisation. Cette dernière, depuis trois siècles notamment, a opéré une telle séparation (*schize*) de l'Objet (qui n'épuise pas la Physis) et du Sujet (qui n'épuise pas la Psyché), au bénéfice de l'Objet (Physis, *ratio*, science, causalité) que le Sujet en fut, jusqu'à ces dernières décennies, exclu aussi radicalement que possible — et avec lui, l'acausalité qui caractérise son émergence en la Vie et l'Anthropos. C'est là le champ et la structure de la modernité qui fleurit notamment dans le Vᵉ arrondissement de Paris...

Mais déjà, devant l'échec positiviste à l'absolu savoir scientifique, devant la conscience de l'action — subjective —, devant « l'impossibilité de découvrir un point de vue de survol, un point de vue à partir duquel la " totalité du réel " serait « simultanément visible » [38], tel que la science newtonienne et même einsteinienne pensait pouvoir le réaliser, un nouveau " champ d'irrationalisation " surgit de cette structure symbolo-mathématique rationalisante... Une nouvelle *Weltanschauung* (vision universelle) que seul, aujourd'hui, autorise le nouveau langage irrationalisant de la psychologie des profondeurs jungien et de la physique quantique.

Un nouvel *Eros*, une nouvelle mystique, un nouveau champ de participation entre *Anthropos* et *Cosmos*, se dessinent dans

---

38. Ilya Prigogine et Isabelle Stengers : *La nouvelle alliance, métamorphose de la science*, Gallimard, Paris, 1979.

l' " Ailleurs " et l' " Au-delà " de la structure symbolo-mathématique. La Psyché irrationalisante poursuit inlassablement sa route, contradictoirement et complémentairement par rapport à la Psyché rationalisante. Les phénomènes d'acausalité qui la caractérisent se manifestent à nouveau à la conscience " néo-réflexivement ". La conscience " réflexive " ne se réduit plus à la seule conscience rationalisante de la Physis newtonienne et einsteinienne, elle inclut la conscience irrationalisante de la Psyché et même de la nouvelle Physis — quantique et biologique prigoginienne notamment[39].

C'est cette conscience que nous nommons *imaginale* pour bien la distinguer de la conscience " pré-réflexive " animiste (fusionnelle, *imaginaire*). A proprement parler, nous devrions même nommer cette conscience réflexive imaginale, *post-réflexive*, puisqu'elle est la permanence, la pérennité du champ d'irrationalisation " pré-réflexif " (imaginaire) à travers et au-delà de la structure de rationalisation " réflexive " (symbolique). Elle est la conjonction " eschatogonique " P'-P, par rapport à la conjonction " cosmogonique " O-O', à travers le — et au-delà du — chiasma anthropogonique de l' " Eros ". Ce chiasma est pour l'*Homo sapiens-sapiens* l'équivalent des chiasmas antérieurs (oral, anal, génital) pour l'*Homo habilis*, l'*Homo erectus*, et l'*Homo sapiens néanderthalensis*. Il est aussi l'équivalent des chiasmas biologiques antérieurs : la décussation des pyramides, par exemple, pour l'axe nerveux et le *crossing-over* de la fécondation au niveau cellulaire. Il est, enfin, l'équivalent du chiasma fondamental de l'émergence du biologique (Bios) dans la Physis, c'est-à-dire de l'apparition de la Vie il y a environ trois milliards huit cents millions d'années : épiphanie actualisante de la réalité psychique objective, jusque-là surtout potentielle, dans la réalité physique objective jusque-là exclusivement actualisée (en notre " cône de lumière " actuel).

39. M. Cazenave (*op. cités*, notamment *La science et l'âme du monde*) distingue quatre plans de l'*Etre-Un* inconnaissable : I) la " nostalgie " de cet Etre " perdu " ; 2) le *plan de l'être* comprenant la Psyché objective, les paires de complémentaires, l'*Unus mundus*, le réel fondateur de la physique quantique, les Idées de Platon ; 3) *Le tout de l'étant :* psyché objective en un individu, physique relativiste et physique quantique phénoménales ; 4) *Les étants :* psychologie du conscient, imaginaire pré-réflexif, physique classique (newtonienne).

IV. — L'ÉVOLUTION LINÉAIRE (CAUSALE) DE L'UNIVERS EST EN CONNEXION ACAUSALE PERMANENTE AVEC SON INFORMATION ABSOLUE (OMNIPRÉSENCE)

Un schéma réel s'impose ici, afin de bien visualiser ce que je tente d'exprimer.

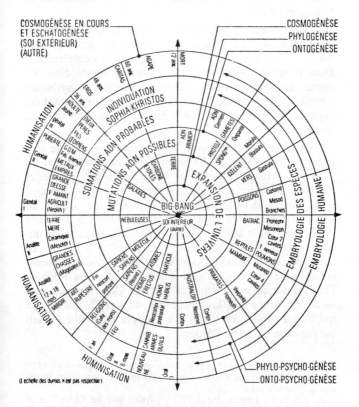

Ce schéma ne veut pas être exclusif d'une poursuite de la phylogénèse et de l'ontogénèse humaines : une nouvelle spire - et bien d'autres - peut fort bien se concevoir.

Commentons-le en quelques mots :

— *Au centre*, le cercle du " Big-bang ", c'est-à-dire la cosmogénèse physique. Dans ce même cercle nous figurons la cosmogénèse mythique (psychique) que nous nommerons Soi-Autre " intérieur ". Nous avons nommé O′ les " images-objets " de la cosmogénèse physique, et O les " images-sujets " de la cosmogénèse psychique. Nous répétons que O et O′ sont, en nous, les *représentations* qui évolueront en *discours*, de ces deux réalités (mystique et artistique pour O, scientifique et technique pour O′).

— *A l'extérieur*, le cercle de la cosmogénèse physique qui se constitue aujourd'hui (quinze milliards d'années après le " Big-bang "). C'est l'univers en expansion de notre astrophysique. Dans ce même cercle, et parallèlement au centre défini ci-dessus, nous plaçons la cosmogénèse psychique (mythique) corrélative, mais que les mythes des Fins dernières (eschatologiques), poursuivent " au-delà ", dans ce que nous nommerons un *Soi-Autre* " extérieur ".

" Intérieur " et " extérieur " n'ont, bien entendu, de sens que pour notre schéma. Ce serait plutôt un " avant " et un " après ". " Avant " les quinze milliards d'années passées et " après " les quinze milliards d'années futures — puisque notre univers, dans les calculs des astrophysiciens actuels, en est à peu près à la moitié de sa vie. Donc le *Soi-Autre* " intérieur " et le Soi-autre " extérieur ", signifient les mythiques paroles : " Au Commencement... " et " A la Fin... " Ils sont, paradoxalement, l'expression de ce qui n'a jamais commencé et de ce qui n'aura jamais de fin [40]; c'est-à-dire de l'univers acausal et du non-manifesté, du Vide, si vous voulez — au sens même du *Chaos* d'Hésiode, dans sa *Théogonie* [41]. Ce qui *n'existe pas* — dans l'espace, le temps et la causalité — mais *qui fait exister* (comme l'Amour).

---

40. Etant entendu quand même, qu'ils situent notre univers *manifesté* entre ces deux extrêmes limites, comme infra-rouge et ultra-violet délimitent la lumière visible.

41. Les Belles Lettres, Paris, 1977 : " Avant tout fut Chaos " — le " Vide " ; on oublie trop souvent cette signification du Chaos : l'Abîme, le Vide.

— *Le 2ᵉ cercle*, va contenir les représentations (que j'y place) de l'univers physique en expansion, c'est-à-dire l'évolution cosmique[42], jusqu'à la création de notre terre : particules, atomes, molécules, nébuleuses, galaxies, étoiles, terre.

— *Le 3ᵉ cercle*, va contenir les représentations de l'univers biologique en expansion, c'est-à-dire l'évolution biologique[43], à partir de l'ADN primordial des océans primitifs (pangée) d'il y a trois milliards huit cent millions d'années environ : ADN primordial, Bactéries, Protozoaires, Spongiaires, Coelentérés, Vers, Poissons, Batraciens, Reptiles, Mammifères, Anthropoïdes, *Homo* (*habilis, erectus néanderthalensis, sapiens-sapiens*). Un long espace est laissé à *sapiens* " au carré " (réflexif) pour produire, éventuellement, quelques mutations — toujours possibles — de son ADN fondateur.

Ce 3ᵉ cercle est celui de la *phylogénèse* (évolution des espèces vivantes au cours des trois milliards huit cent millions d'années).

— *Le 4ᵉ cercle*, va contenir l'embryogénèse qui, dans chaque espèce vivante, va reprendre en raccourci et plus simplement, la *phylogénèse* précédente. On la nomme *ontogénèse*. Elle récapitule donc en quelques mois (vie intra-utérine pour les Mammifères) et quelques années (enfance, adolescence) la phylogénèse. Par exemple, les cellules sexuelles (gamètes) sont deux Protozoaires, le stade " morula " de l'embryon récapitule l'espèce Spongiaire ; le stade " blastula ", celui des Coelentérés ; le stade " gastrula ", celui des Vers etc. jusqu'à la fin du néocortex préfrontal du *sapiens-sapiens*, nec plus ultra de notre évolution biologique ; et qui ne survient que chez le nourrisson de quelques semaines — et même se poursuit jusqu'à l'âge adulte.

Un long espace est laissé à cette *ontogénèse* pour y recevoir les éventuelles mutations ADN de la *phylogénèse* en cours ; mais aussi, pour y produire les mutations du " *soma* " (" soma-

42. H. Reeves, *op. cité.*
43. L. Cuénot, par exemple, Masson, Paris, 1951 ; P. P. Grassé, *L'évolution du vivant*, Albin Michel, Paris, 1973 ; de l'auteur, dans *Cahiers de l'Herne* sur C. G. Jung, *op. cité.*

tions ") au sein même des ADN du corps, qui vont du cancer à l'évolution intellectuelle ou mystique les plus poussées[44].

— *Le 5ᵉ cercle* est moins classique. C'est celui que je nomme *phylo-psycho-génétique*, montrant par ce néologisme barbare qu'il s'agit d'une évolution de l'espèce — humaine en l'occurence — au cours des trois millions d'années, environ, de son évolution (si l'on date celle-ci de l'*Homo habilis* : l'Australopithèque).

On y voit les premiers outils et les premières armes servant à satisfaire notamment les pulsions digestives (orales, anales). Mais aussi déjà, bien sûr, les pulsions " génitales ", encore enfouies, *psychologiquement*, dans les premières. On y voit aussi le feu et les premiers cultes des morts. Apparaissent l'art rupestre avec les grandes chasses et l'art céramique entre les périodes glaciaires (de quiétude). Bientôt la Terre nourricière sera investie de la réalité psychique (archétype) de la Mère et convergera pour créer les premières religions des Grandes-Déesses-Mères et de leurs Fils-amants, qui seront en conjonction avec la réalité physique de la découverte de l'agriculture et des dieux-grains soumis à mort et résurrection.

Les villages agricoles se grouperont en nations et empires. Le petit dieu grain va devenir le puissant empereur, tout en restant, à l'origine, un Fils de la Mère[45].

Mais bientôt celui-ci va s'émanciper et fonder l'empire des Pères, après la découverte du rôle des mâles dans la fécondation. Les Fils-amants deviendront " Fils-œdipiens "... mais sans éradiquer les premiers, tant s'en faudra.

La mystique religieuse que je figure dans les deux dernières cases sous la dénomination *Sophia-Khristos*[46] est celle de l'anima et de l'animus *imaginaux*. Pour l'heure elle fait surtout partie des " somations " sacrificielles rares et " pieuses ", comme les " vœux ".

---

44. Cf. de l'auteur *Biologie et sacrifice*, in *Cahiers de Psychologie Jungienne*, nº 25, Paris, 1980, et *Le Sacrifice*, Editions Albin Michel. Bien distinguer les mutations du " soma ", non héréditaires, des mutations du *germen* (cellules sexuelles), héréditaires.

45. M. Cazenave et R. Auguet, *Les empereurs fous, op. cité*.

46. En référence à mes livres *La femme essentielle, Psychanalyse et imaginal, Mythanalyse jungienne, op. cité*.

— *Le 6ᵉ cercle* est aussi moins classique. C'est celui que je nomme *onto-psycho-génétique*, montrant par ce néologisme, le parallélisme entre cette évolution psychique individuelle par rapport à l'évolution psychique collective, et la récapitulation biologique que fait l'*ontogénèse* par rapport à la *phylogénèse*. Ici, l'on dira que l'*onto-psycho-génèse* récapitule brièvement (en quelques mois et années) et plus simplement, la *phylo-psycho-génèse* de trois millions d'années d'évolution de la réalité psychique objective en l'*Homo*.

On y distinguera donc, en parallélisme avec la *phylo-psycho-génèse*, le stade oral et ses subdivisions, le stade du miroir, le stade anal et ses subdivisions, le stade génital et ses subdivisions, la puberté, l'adulte jeune, et enfin, dans la deuxième partie de la vie, l'*individuation*, ici pointée, toujours en référence à mes ouvrages antérieurs, par les trois stades d'évolution *imaginale : Eros, Caritas, Agapé*[47], en conjonction avec les trois stades pulsionnels (imaginaires), respectivement : génital, anal et oral, de la première partie de la vie.

Ces trois stades imaginaux, en parallélisme avec l'individuation collective de la phylo-psycho-génèse, *Sophia-Khristos*, sont évidemment aussi rares individuellement que collectivement. Ils exigent les " somations " sacrificielles plus haut signalées et ne sont donc encore que des " vœux pieux ", réalisés néanmoins par certains individus que l'on nomme des saints ou des " libérés vivants "... témoignant pour tous les autres de cette potentialité humaine — sur-humaine !

Au-delà de ce 6ᵉ cercle, nous retrouvons l'eschatogénèse (Soi-Autre " extérieur ") et la cosmogénèse physique en cours dont nous avons déjà discouru.

D'aucuns me demanderont où se trouve, en ce schéma, le discours de cette cosmogénèse physique en cours, à savoir, les sciences physiques. C'est vrai que je ne l'ai pas fait figurer ici, n'ayant schématisé là que les structures " éidétiques " (*Eidos*), en cette fin du 6ᵉ cercle, qui rejoint la mort et son " au-delà ". Disons qu'on peut les imaginer sur le cercle extérieur, conjoignant avec les structures affectives et leurs " images-

---

47. Les âges donnés sont fondés sur la moyenne statistique de la vie humaine, pas plus !

sujets " P. Ce seront alors les " images-*objets* " P′, exprimant cette cosmogénèse en cours, en structures mathématiques " noologiques " (*Noos*)[48]. En ces derniers stades de l'évolution humaine actuelle, comme sur nos schémas antérieurs, Newton-Einstein (*Noos*) conjoindront avec Moïse-Jésus (*Eidos*), par-delà les millénaires et les siècles[49].

Résumons-nous. Du " Big-bang " cosmogonique physique à l'apparition de la Vie (Bios) sur nos planète, il s'est écoulé onze milliards deux cent millions d'annés environ, et trois milliards huit cent millions d'années, de cette émergence fondamentale à celle de l'*Homo sapiens-sapiens*. Ce temps est linéaire, causal, irréversible. Il est figuré sur nos coordonnées par ses seuils d'évolution principaux (émergences), en des cercles concentriques qui, en fait, représentent des spires partant du centre cosmogonique physique (Big-bang) et psychique (*Soi-Autre* " intérieur ") et évoluant (expansion de l'univers physique et de la conscience) jusqu'à la circonférence extérieure (cosmogénèse physique en cours et cosmogénèse psychique en cours se projetant en une eschatogénèse que nous nommons *Soi-Autre* " extérieur "). Centre et circonférence sont donc en correspondance causale linéaire tout le long des spires ; mais aussi, comme nous le montrent la radioactivité, le rayonnement fossile, le paradoxe EPR et le pendule de Foucault, en correspondance *a*-causale ubiquitaire : l'univers est à tout instant informé absolument (universellement) en chacun de ses points. Par exemple, il existe en permanence une connexion transversale acausale d'information entre particules → Terre → ADN primordial → ADN germinal (cellules sexuelles) → ADN des espèces du *phylum* conduisant à l'*Homo sapiens-sapiens* → *Agapé* de l'eschatogénèse (cosmogénèse psychique projetée sur les fins dernières).

Connexions causales linéaires (spiralées ici) et connexions acausales (transversales ici), forment ainsi un réseau d'événe-

48. M. Cazenave, *La science et l'âme du monde*, Imago, Paris, 1983.
49. Il va de soi que si nous remplaçons le discours religieux antique par le discours idéologique d'aujourd'hui, Marx remplacera le messianisme de Jésus, dans la même u-topie (sans lieu) ; et ses " goulags " — son ombre — ne seront pas moindres, car " qui fait l'ange... " sans les sacrifices exigés.. " fait la bête ".

ments obéissant à la causalité de l'espace-temps de la Physis (réalité physique objective et ses images-objets O' et P'); et forment aussi concurremment un réseau d'événements corrélatifs obéissant à l'*a*-causalité d'une simultanéité permanente (a-spatio-atemporelle) du *monde-Un* " éidétique " (Eidos) et " pneumatique " (Pneuma), c'est-à-dire obéissant en définitive à la réalité psychique objective et ses images-sujets O et P. Monde éprouvé (irrationnel) mais jamais prouvé[50].

Une telle description semble supposer un Futur toujours-déjà-là. C'est ce que, aussi vainement que désespérément cherchait Einstein durant les trente-cinq dernières années de sa vie. Pour ces théories, la liberté ne serait alors possible que dans l' " Ailleurs " du cône — ou de la sphère — de lumière de Minkowski, à droite et à gauche du présent.

En fait, quant à nous, nous plaçons l'Ailleurs non seulement des deux côtés des cônes passé-futur, mais à leurs deux " extrémités ", c'est-à-dire en deçà du passé de l'univers et au-delà de son futur (c'est ce que nous nommons ailleurs pré-cosmogonie plérômatique et eschatogonie plérômatique et, ici, *Soi-Autre* intérieur et extérieur). Mais cet Ailleurs, englobant de toutes parts l'espace-temps minkowskien, *est le fait de la réalité psychique objective* et non plus seulement de la réalité physique objective. Il est l'inconnu, l'improbable, l'incertain, l'infini, l'indéfini, le Vide, le Plérôme, le Dieu inconnaissable, etc. c'est-à-dire le non-spatialisé, le non-temporalisé, le non-créé, l'éternité, la liberté de la réalité psychique objective irrationalisante.

Or, nous venons de voir que cet Ailleurs (éternel, libre, acausal) intervenait en permanence dans le passé, le présent et le futur des cônes de Minkowski, justement à travers les connexions acausales transversales.

Par conséquent, le monde-Un du " savoir absolu ", de l'acausalité, de la " création continue " et du " psychoïde ", tout en se trouvant représenté comme on l'a vu, potentiellement, dans la Physis (son information) puis s'actualisant progressivement dans le Bios, existe aussi hypothétiquement tout autour de ces deux réalités manifestées (crées), en tant

50. M. Cazenave, *La science et l'âme du monde, op. cité.*

qu'Encadrant absolu. En somme " l'Englobant " de K Jaspers. Le concept d'information (ou savoir) absolue non localisée (c'est-à-dire non spatio-temporalisée), développé par H. Reeves, se trouve, à mon sens, défini en cet Ailleurs aspatio-temporel, se manifestant (s'épiphanisant) dans sa création et sa créature, avec lesquelles, à aucun moment, il ne cesse de communiquer — et même, éventuellement de communier — depuis la plus petite unité d'information du corpuscule jusqu'à la Conscience mystique la plus absolue, en passant par la conscience rationnelle la plus stricte, et par la plus grande unité d'information macrophysique.

V. — DE L'ARCHÉTYPE COMME RÉALITÉ PSYCHOÏDF RELIANT PHYSIS, SOMA ET PSYCHÉ.

Il devrait maintenant nous devenir plus facile de saisir la manière dont Laure, égarée en un monde non signifiant pour elle, aboutit chez moi à point nommé (*Kairos*)[51].

Son oncle me l'adressa en désespoir de cause ; il ne connaissait de moi que fort peu de choses, sinon mon appartenance jungienne. Il ignorait — consciemment — l'origine géographique, commune à sa famille, à sa nièce et à moi-même.

Il ignorait mes préoccupations du moment sur l'archétype de la Grande-Déesse-Mère. Il ignorait ma propre problématique de deuil maternel, de la " Mère de mort ". La connaissait-il même chez sa nièce ? Il ignorait tout cela et pourtant, c'est à ce moment-là, à l'occasion d'une nouvelle demande thérapeutique de Laure, qu'il me l'adressa.

Qu'est-ce que cela voulait dire ?

Laure, son oncle et Solié sont à Paris, par exemple, le 10 octobre 1982. Ils subissent tous trois leur " entropie " propre comme celle de la Physis qui les englobe, c'est là l'espace-temps causal, facteur de diminution d'ordre et donc, de perte d'information. Mais ils profitent aussi, couplée avec cette entropie de la *Physis* et du *Bios* de la néguentropie de

---

51. Cf. E. Humbert, « Kairos, le moment — différents vécus de l'expérience du centre », dans *L'Homme aux prises avec l'inconscient, op. cit.*

leur *Psyché* propre, individuelle, comme de celle de la *Psyché* objective qui les englobe également. Néguentropie, c'est-à-dire augmentation d'ordre et donc d'information. Ce sont là les connexions archétypiques " transversales "[52] acausales qui les relient, tous trois, au champ d'irrationalisation de l'Ailleurs a-spatio-temporel (Encadrant ou Englobant absolu), ici constellé au niveau de l'*Eidos* archétypique de la Grande-Déesse-Mère — de mort et de renaissance.

Laure, son oncle et Solié sont donc reliés archétypiquement en ce point de l'Ailleurs porteur d'un sens commun jusque-là ignoré des trois protagonistes. Ce point commun archétypique est un noyau de signification, un nœud d'information du *Bios*, intégrant *Physis et Psyché* en ses ADN diencéphalo-corticaux.

Laure, par le truchement du médiateur oncle, rencontre donc Solié. Solié qui ne comprend d'abord rien à ce qu'elle lui raconte et tente alors de la renvoyer à son oncle — ou à l'hôpital. Mais, tout à coup, c'est l'"' insight " (l'"' illumination "). Solié est lui-même touché à vif dans sa connexion commune acausale, au niveau de sa propre Mère de mort à laquelle il vient de découvrir, justement, un visage de vie, de renaissance[53]. Le Sens jaillit de la constellation archétypique (du flux informationnel) et avec lui, la possibilité de servir de " psychopompe " à Laure pour sa traversée des enfers. Choisira-t-il alors le passeur yogique du Bardo-Thödol, le Charon grec de l'Hadès ou l'Anubis égyptien de la Duat et de l'Amenti — ou aussi bien le Chien des Aztèques ? Le discours oniroïde de Laure le renseigne très vite : c'est la voie " humide " d'Anubis à tête de chacal. Le champ d'irrationalisation des anciens égyptiens servira donc de voie initiatique au parcours ténébreux (pré-réflexif) de Laure jusqu'à la lumière de la conscience réflexive et post-réflexive. Une fois la " psychostase " quadrimillénaire infernale du Jugement dernier passée,

---

52. De fait, il faudrait aller plus loin et analyser plus finement encore pour se rendre compte que les connexions acausales sont à la fois transversales et longitudinales tout comme les connexions causales d'ailleurs, puisqu'elles (se) correspondent, de ce monde à l' " autre ".

53. Même si cette mère de renaissance se nomme *anima*.

les connexions acausales vont jouer sur le plan de la psychogénèse du lignage, et c'est alors que nous découvrons la
connexion géographique commune remontant à environ trois
cents ans en arrière.

Enfin, les connexions acausales individuelles vont nous aider
à fonder la psychogénèse " personnelle " de Laure, dans la
reconstruction de son appartement d'enfance auprès de sa
" petite " mère — appartement, rappelons-le, proche du mien
à l'époque.

Conscience réflexive (se connaissant et se reconnaissant),
pour Laure, de son identité mytho-cosmique, de son identité
généalogique, de son identité familiale et personnelle. Voilà où
se situent, à mon sens, les techniques qui ont prétention de
faire revivre à leurs patients, et la vie intra-utérine (ontogénèse
embryologique), et les " vies antérieures " (phylogénèse et
phylo-psychogénèse). Ces techniques confondent simplement
réalité physique objective et réalité psychique objective.
L'*Unus mundus*, rappelons-le, est de l'ordre de la réalité
psychique objective, doublant la réalité physique objective
mais ne se confondant pas avec elle[54]. Toutes les croyances en
les réincarnations se situent au niveau de cette confusion des
deux réalités. A ce détail près, elles sont néanmoins vraies et
constituent une intuition remarquable des correspondances
acausales (réalité psychique objective) et de la théorie de
l'hérédité (réalité physique objective). Ces deux visions, irrationnelle et rationnelle, doivent conjoindre aujourd'hui, mais la
séparation radicale rationalisante que la théorie de l'hérédité a
imposée, est, à cette conjonction, la condition nécessaire. La
théorie scientifique de l'hérédité ne suffit pas à expliquer
exhaustivement le mythe de la réincarnation mais elle est
néanmoins nécessaire à la séparation des deux réalités (Physis
et Psyché) confondues dans le mythe. Le troisième temps en
est la conjonction. Conjonction de la Physis telle que nous
l'explique la théorie rationnelle (causale) des gènes de l'ADN,
et de la Psyché telle que nous l'explicite la vieille intuition

---

54. S'il y a confusion, nous sommes dans l'*imaginaire* mystifiant du Bardo
(maya), dans l'univers zoo-anthropomorphe magique et, à la limite, dans le
délire. C'est le cas de Laure.

irrationnelle des correspondances acausales. En effet, si l'ADN est bien le support matériel (Physis) de la " Memoria " cosmo-biopsychique, il n'en est aucunement le créateur et pas davantage le véritable continuateur dans les mutations biologiques créatrices (novum), dites aujourd'hui *protérogénétiques*[55].

A ce niveau de la *Creatio continua*, il est hypothétiquement nécessaire de faire intervenir la réalité psychique objective et sa téléonomie[56], c'est-à-dire l'aventure cosmique de la conscience à la recherche d'elle-même[57]. Conscience d'abord totalement potentielle dans la Physis, ensuite s'actualisant progressivement (évolutivement) dans le Bios, enfin s'actualisant pleinement dans la Psyché (néguentropique par excellence), au détriment de la Physis (se potentialisant à son tour). Ce sont là les trois formes de conscience que nous avons plus haut explicitées : conscience " pré-réflexive " de l'animal et de l'*Homo* jusqu'au *sapiens*, conscience " réflexive " *sapiens-sapiens*, conscience " post-réflexive " de quelques exemplaires de *sapiens-sapiens* et, sans aucun doute, à nos yeux, du *sapiens* au " cube " qui nous succédera sur cette planète — ou sur une autre (à moins qu'il ne nous ait déjà précédé en quelque autre lieu de notre univers). Le mythe de l'humanité déchue, celui de l'Idée platonicienne, de l'Ame (Psyché) chues et déchues en la Matière (Physis) et que notre mission consiste à rédimer (" rédempter "), exprime très clairement ces notions, aujourd'hui rationnelles et déjà presque scientifiques, de potentialisation de la réalité psychique objective à partir du " Big-bang ". Le Bios exprime exemplairement la réémergence (la réactualisation) néguentropique de la réalité psychique en la réalité physique, à son tour en voie de potentialisation entropique. Le mythe alchimique de cette rédemption de l'Esprit (Pneuma) de la Physis, nous révèle aussi, exemplairement, ce que la Physique moderne commence à nous expliciter rationnelle-

55. Cf. mon article " Biologie et Psychologie analytique " in *Cahiers de l'Herne* sur C. G. Jung, *op. cité.*
56. J. Monod lui-même ne se prive pas de ce concept in *Le hasard et la nécessité, op. cité.*
57. Je ne cache pas l'influence de l'œuvre de P. Teilhard de Chardin sur ma propre pensée. *Œuvres complètes*, Seuil, Paris.

ment, mais sans jamais épuiser exhaustivement les révélations
des vieux mythes (*Eidos* et ses *eidola*).

A chaque structure symbolique rationnelle (socio-culturelle
et scientifique) correspond une nouvelle émergence du champ
d'irrationalisation, c'est-à-dire une nouvelle mythologie[58], un
nouvel imaginaire-imaginal qui pousse plus avant — ou plus
haut — ses pseudopodes téléonomiques pour nous montrer la
voie possible — seulement possible — à suivre vers une
nouvelle structuration symbolique socio-culturelle et scientifique. Le champ irrationalisant reste la source vive de la
" Création continue ", ses racines pulsatives (cosmogonie
psychique) comme ses fins attractives (eschatogonie).

Sans ce champ pulso-attractif acausal (aspatio-temporel), la
structure fondamentale ADN du Bios ne serait qu'une simple
macro-molécule physico-chimique soumise à la pure loi du
hasard-nécessité (causale). Les connexions acausales seules
peuvent fournir une explication — hypothétique — à son
évolution créatrice (" téléonomique ") vers des structures de
conscience de plus en plus néguentropiques, conscientes
d'elles-mêmes (réalité psychique objective) et de la matrice
physique qui les a enfantées (manifestées par actualisation).

En un individu humain étudié isolément, l'actualisation de la
réalité psychique objective montrera l'émergence, d'*un côté :*
du Sujet, de son Imaginaire, de son Imaginal, de son radicalement Soi enfin ; d'un *autre côté :* de l'Objet, de son statut réel
symbolique et notamment scientifique, de son radicalement
Autre enfin. Du côté du Sujet, les objets O et P et leur
irrationalité ; du côté de l'Objet, les objets O′ et P′ et leur
rationalité. Cette actualisation néguentropique (Vie) de la
réalité psychique objective, se payant de la potentialisation
entropique (Mort) de la réalité physique objective.

Si un sujet humain s'identifie par trop radicalement à la
réalité physique objective matricielle, il ne peut que subir son
sort, à savoir : le matérialisme rationaliste, l'altérité plus ou

---

58. Même si elle est aujourd'hui idéologique : le marxisme est *aussi* un
mythe messianique de l'Age d'or ici-bas, *aussi* utopique que tous les autres
mais sa contribution rationnelle (Noos) à l'économie politique contemporaine
n'est point à rejeter purement et simplement. Le libéralisme capitaliste ne
l'ignore d'ailleurs pas. C'est préférable pour lui.

moins radicale (aliénation dans l'Autre et l'Objet), enfin la " massification " et la mort " entropique ".

Si un sujet humain s'identifie par trop radicalement à la réalité psychique objective, il ne peut aussi que subir son sort, à savoir : le spiritualisme irrationaliste, la subjectivité plus ou moins radicale (aliénation intrasubjective, solipsisme, autisme) et le gain " néguentropique " qu'il croira acquérir ne sera qu'illusoire et tout aussi aliénant que l'identification au principe matriciel antérieur. La schizophrénie vaut largement la paranoïa. Exception faite de quelques grands mystiques confirmant la règle.

Peut-on, comme l'a fait G. Verne[59], identifier le principe rationnel de la Physis à ce qu'il nomme " homo-polarité ", hybride entre l'" homogène " macrophysique de Lupasco[60] et l'extraversion de Jung ? Peut-on identifier le principe irrationnel de la Psyché à l'" hétéropolarité " de Verne, hybride de l'" hétérogène " microphysique (quantique) de Lupasco et de l'introversion de Jung ?

Tout est possible — et j'en suis en ce texte la preuve ! — et notamment, à mon sens, cette assimilation ; à condition de bien noter les gauchissements que l'on fait subir aux concepts originels. La discussion de ces glissements et gauchissements n'a pas sa place ici. C'est pourquoi je ne fais que noter au passage ces rapprochements et ces assimilations conceptuels.

L'important pour nous ici est d'insister sur la dialectique nécessaire, permanente, de ces deux principes fondamentaux pour éviter l'unipolarité de l'un par rapport à l'autre, unipolarité créatrice de " psychostase " et de " somatostase ", d'aliénation dans le Sujet et le Soi ou dans l'Objet et dans l'Autre. Dans l'Esprit désincarné ou dans la Matière dé-signifiée (déspiritualisée) ; dans le narcissisme primaire d'un Moi se prenant pour le Soi ou pour l'Autre.

L'*individuation* justement, est tout autre chose. Elle est refus de l'impérialisme de l'un de ces principes sur l'autre, car elle est, d'une part, différentiation d'un système Sujet-Moi par rapport à son inclusion dans la Physis et l'Autre, d'un côté

59. *Le projet de la vie*, Sodi, Bruxelles, 1968.
60. S. Lupasco, *Les trois matières*, Grasset, Paris.

(images-objets O'), et dans la Psyché objective et le Soi primaire — ou grandiose, incluant le Moi — de l'autre côté (images-sujets O). D'autre part, l'individuation est aussi, dans un deuxième temps, s'appuyant sur le système Sujet-Moi différencié, l'élaboration d'un système de dévoilement, tant de la réalité physique objective et de l'Autre, que de la réalité psychique objective et du Soi. Le dévoilement de la réalité physique objective et de l'Autre tel qu'en lui-même il est, est une démarche discursive, logique, rationalisante, une " épistémé " mathématisante (un *logos spermaticos*). Le dévoilement de la réalité psychique objective et du Soi est une démarche intuitive, logique néanmoins, mais selon sa logique propre, qui peut paraître parfaitement illogique à la première démarche, mais néanmoins " raisonnable " — selon une raison qui peut paraître déraisonnable à la première démarche — une " épistémé poïétisante " (un *logos hystéricos*). C'est cette " épistémé " qui sera nommée *gnosis*, connaissance par *insight* et illumination (*Satori* aussi en Orient). C'est la démarche mystique en général, et psychanalytique en particulier — qui n'est donc, à notre avis, qu'un dévoilement de la réalité psychique objective, à une nuance près, c'est que l'Autre, que nous rattachons à la réalité physique objective en général, est aussi un *Alter ego* ; un Autre certes, mais un Autre moi-même. En le dévoilant, je me dévoile. En se dévoilant, il me dévoile. En me dévoilant, il se dévoile. En me dévoilant, je le dévoile. Ainsi en est-il, à la limite, de tout objet du monde si je m'investis en lui, c'est-à-dire si je suis encore " inconsciemment " aliéné à lui[61]. Mais à la différence de l'objet " ustensile " habituel de la réalité physique, l'Autre moi-même est habité de la même réalité psychique objective que moi (de même niveau néguentropique, ce qui n'est pas vrai de l'animal et encore moins de l'objet " ustensile "). Ses correspondances (connexions) causales et acausales avec l'Univers seront les mêmes que les miennes, et ce qui est " altérité " pour moi par rapport à lui, sera " ipséité " (être soi-même, lui-même en personne) pour lui par rapport à moi. Autrement dit mon " ipséité " (Soi) rejoindra son " altérité " (Autre), comme son " ipséité " rejoindra mon " altérité ".

---

61. Par fusion-confusion imaginaire O et O'.

Par là, conjoindront soi et autre individuels (microcosmiques), tendus vers l'Ipséité radicale et absolue (Soi-Autre intérieur) et l'Altérité radicale absolue (Soi-Autre extérieur) — macrocosmiques.

Voilà, à mon sens, la caractéristique majeure que l'érotico-mystique psychanalytique (gnose, dévoilement) apporte à la grande mystique apophatique habituelle. C'est ce qu'elle nomme le " transfert ", dont on a vu, tout au long de ce texte, à partir de nos deux exemples de correspondances acausales, qu'il ne se réduisait pas, tant s'en fallait, aux seules liaisons habituellement reconnues par la psychanalyse classique (freudienne ou même lacanienne), mais englobait simultanément l'Univers physique et psychique, le monde Un, causal *et* acausal.

" On ne touche pas une fleur sans déranger une étoile ", nous assure, dans sa désespérance de l'" ici-bas ", le poète écossais James Thomson.

LA SYNCHRONICITÉ
ET LE FONCTIONNEMENT DU CERVEAU

par Karl Pribram

Au cours de l'année 1961, j'ai visité un jour le Musée de la Science et de l'Industrie de Chicago. Au centre du Musée se trouve une sorte de dispositif dont le but est d'illustrer la nature des modèles statistiques. De grosses billes d'acier sont lachées d'un plafond voûté, haut de trois étages. Elles finissent par arriver au milieu d'un amoncellement de type gaussien, en provoquant un bruit sec assourdissant. La description que donne le Musée de ce dispositif fait remarquer l'impossibilité de prévoir le chemin pris par une bille en particulier, mais souligne ensuite que le résultat global de la chute est toujours prévisible, selon la loi de distribution de Gauss. C'est celà, est-il dit, le mystère des probabilités — et c'est l'objet des modèles statistiques que de nous permettre d'en venir à bout.

Dix ans plus tard, Jacques Monod dans son ouvrage fascinant, *le Hasard et la Nécessité*, manifestait son embarras en face du même mystère tel qu'il apparaît en biologie. Comment se fait-il, se demandait Monod, que tant d'événements dûs au hasard finissent par donner les formes manifestement stables dont les organismes sont constitués ?

Pour moi, l'énigme de Chicago était différente de celle du livre de Monod. Ayant écrit quelque temps avant ma visite à Chicago *Plans and the Structure of Behavior* (1960), en collaboration avec George Miller et Eugène Galanter, je fus surpris de ce que le Musée avait laissé de côté, dans la description de son dispositif, le fait que les billes en tombant passaient par un immense *réseau symétrique* en matière plastique ! En analysant le livre de Monod, je me servis de cette expérience pour suggérer qu'il existait une réciprocité universelle entre la contrainte, telle qu'elle devient manifeste dans une structure physique et biologique, et le caractère fortuit des événements " contraints " par cette structure. Le système de Gauss est tout autant un reflet de la structure symétrique à travers laquelle passent les billes qu'il est un reflet de l'impossibilité de prévoir le chemin pris par chaque bille à l'intérieur de cette structure. La réciprocité ne dissipe pas le mystère, mais elle le décrit d'une façon bien plus juste.

Aujourd'hui je voudrais retenir cette idée de réciprocité pour approfondir un autre mystère : le mystère de la synchronicité. Là encore, il semble se produire des événements dûs au hasard qui, pourtant, décrivent des modèles porteurs de sens.

Carl Jung est l'auteur du concept de " synchronicité ". Un de mes amis béhavioristes me déclara un jour qu'il était certain quant à lui que Jung devait être un peu fou, et qu'il était évident qu'un concept tel que celui de la synchronicité ne pouvait être d'un grand intérêt pour quelqu'un de sensé. Mais une lecture attentive des définitions précises et opérationnelles qui sont données par Jung de chaque concept qu'il utilise, devrait rapidement détromper quiconque de l'idée qu'il n'avait pas toute sa tête — même le béhavioriste le plus acharné ! En réalité, Jung avait fait certaines observations très similaires à celles qui avaient été relevées par nombre d'autres chercheurs, et il fut extrêmement intrigué par les connexions évidentes entre ces différentes observations. Il pensa alors que les découvertes en cours de la physique quantique contenaient les indices qui allaient permettre de résoudre cette énigme.

En physique quantique et nucléaire, comme dans les observations de Jung, apparaissent en effet des événements qui semblent être reliés mais dont la relation défie toute explication en termes ordinaires. Ainsi, dans l'expérimentation du " paradoxe " d'Einstein-Podolsky-Rosen, de même que dans les observations soulevées par le théorème de Bell, les perturbations d'une particule élémentaire peuvent immédiatement " influencer " une autre particule qui se trouve à distance, alors que la seule relation entre les deux particules devrait normalement relever d'un facteur temporel. A l'intérieur du noyau, l'apparition de quarks peut être décrite mathématiquement, mais ces descriptions impliquent le renversement occasionnel de la flèche du temps ou de la causalité.

Ce qui est décrit à la fois dans la physique et dans les observations de Jung, ce sont des *corrélations*, c'est-à-dire des *connexions a-causales*, et donc *a-temporelles*. En fait, toute observation commence en notant des corrélations. Ce qui est cause de difficulté, c'est la tentative de déterminer un ordre de causalité au sein de ces corrélations. Le fameux exemple de David Hume, entre un coq qui chante et le soleil qui se lève, est typique. Le coq chante, puis le soleil se lève. D'habitude on s'attend à ce que le premier événement soit la cause du suivant. Or dans l'exemple du coq et du soleil, la causalité semble se propager en sens inverse. Cependant, un examen plus profond révèle que les rythmes circadiens du coq sont déterminés par le lever du soleil, et que, par conséquent, son chant peut anticiper le lever. Les rythmes circadiens constituent un ordre, un arrangement d'événements qui se situe en arrière de la corrélation observée.

Les observations concernant les liens entre hasard et nécessité sont aussi des corrélations. Si l'on croit que les contraintes de nécessité doivent se dérouler à partir d'événements dûs au hasard — que les événements dûs au hasard anticipent sur les propres contraintes qu'ils vont engendrer — des problèmes surgissent, et il est difficile, non seulement d'y répondre, mais aussi de les exprimer sous forme de questions raisonnables. Si, d'un autre côté, on choisit de croire que les contraintes sont antérieures, on est également amené à se demander : mais comment les contraintes naissent-elles ? Aussi paraît-il préférable de se demander, comme dans le cas du coq et du soleil : peut-on reconnaître un ordre qui se trouve en amont de la corrélation observée ? En physique quantique, c'est la direction que prirent Bohr et Heisenberg lorsqu'ils soulignèrent l'importance de l'observateur et de l'outil d'observation que celui-ci choisit. Suivant leur démarche, l'exemple du coq et du soleil devrait suggérer que l'on étudie les cerveaux des scientifiques (et les cerveaux en général) pour voir s'il n'y a pas certains mécanismes (comme ce fut le cas des rythmes circadiens), qui expliqueraient les corrélations observées. Je pense personnellement qu'il existe de tels mécanismes, et cela nous ramène à la fois à la physique et à la synchronicité.

Comme chacun sait, il existe une correspondance entre les surfaces sensorielles, les muscles du corps, et leurs projections sur telle ou telle " aire " du cortex. Le célèbre homuncule dessiné sur les cartes des hémisphères cérébraux, donne une image de ces correspondances. L'homuncule forme une carte grossière, granulaire, des relations spatiales entre l'organisme et son environnement. Ce qui est moins connu, c'est la relation plus fine, agranulaire, encodée dans les propriétés de champ récepteur des neurones du cortex. Il a été démontré que chaque champ récepteur répondait sélectivement à plusieurs qualités sensorielles. Au sein du système visuel, par exemple, une cellule corticale répondra sélectivement à telle couleur, disons le rouge, à telle direction de mouvement, disons de droite à gauche, à telle rapidité de mouvement, et à quelque chose qu'on appelle la fréquence spatiale.

La fréquence spatiale est liée d'une façon particulière au problème de la synchronicité. A l'origine, ce fut David Hubel et Torsten Wiesel qui découvrirent que de nombreuses cellules visuelles du cortex étaient accordées spécifiquement à certaines orientations ; ils montrèrent qu'elles " répondaient " spécialement bien, lorsqu'on présentait à des singes et à des chats une ligne ayant une certaine orientation. Une dizaine d'années plus tard, une sélectivité plus grande encore fut mise à jour dans plusieurs laboratoires, quand on présenta non plus des lignes uniques mais des ensembles de lignes (des grilles), suivant la meilleure orientation. Les grilles variaient en largeur et en espacement, en fonction des lignes qui les composaient. Ainsi, quand ces grilles variables sont observées à vitesse constante, les fréquences avec lesquelles les lignes claires et les lignes sombres alternent diffèrent. Puisque ces fréquences sont déterminées par des différences spatiales plutôt que par des différences temporelles, on les a nommées des fréquences spatiales.

On a constaté que chaque champ récepteur d'une cellule du cortex s'harmonisait approximativement avec une octave de la fréquence spatiale. Les courbes d'harmonie de champs récepteurs adjacents se chevauchent. Par la manière dont il fonctionne, le mécanisme sensorio-cortical peut être comparé à un piano. Lorsqu'un stimulus frappe un récepteur sensoriel (par exemple, la rétine), le récepteur agit presque comme le fait une touche sur le clavier. L'excitation est relayée jusqu'au champ récepteur (la corde), auquel elle est reliée dans la " table d'harmonie " du cortex, faisant naître une résonance. Cependant, le récepteur sensoriel n'agit pas comme si ses " touches " étaient indépendantes. A cause des connections entre les récepteurs avoisinants, la surface totale réceptrice fonctionne plus comme un instrument à corde que comme un instrument à percussion. De façon similaire, les interconnexions entre les champs récepteurs font que la résonance corticale ressemble plus à celle d'un instrument à vent. Pour prendre une analogie plus complexe, on peut considérer que la surface sensorielle saisit les changements de l'environnement auxquels elle est sensible un peu comme une caméra de télévision enregistre une scène. Les résultats de l'enregistrement sont transmis, puis ensuite captés en des endroits à sa portée, qui sont équipés des récepteurs appropriés. Notons que n'importe lequel de ces systèmes est capable de médiatiser un nombre pratiquement infini de modèles complexes, issus de l'action de seulement quelques éléments distincts.

A partir de la masse de ces champs récepteurs, chacun étant harmonisé avec une bande de fréquence spatiale de largeur bien délimitée, les caractères composites de la vision spatiale peuvent être construits. Les mathématiques qui décrivent la relation entre la configuration spatiale des grilles utilisées pour étudier les champs récepteurs, et la courbe d'harmonie des fréquences spatiales correspondant à ces champs, consistent dans ce qu'on appelle les transformations de Fourier. Leur théorème — le théorème de Fourier — établit que tout modèle, quel que soit son degré de complexité, peut être analysé en facteurs se composant d'ondes régulières de fréquences et d'amplitudes différentes.

En outre, tout modèle peut être reconstruit à partir de ces facteurs, pourvu que l'on soit renseigné sur les relations de phase qui existent entre eux. Les transformations de Fourier permettent donc d'effectuer dans un premier temps l'analyse en facteurs, et les mêmes transformations permettent de reconstituer l'opération inverse. Dennis Gabor a appliqué cette caractéristique du théorème de Fourier à l'invention de l'hologramme. L'hologramme enrichit les transformations de Fourier d'un modèle, qui peut ensuite être reconstruit par application du processus inverse.

L'hologramme offre une organisation très singulière et très intéressante*. David Bohm s'y réfère comme à un " ordre impliqué ", parce qu'il conçoit que toute forme et tout modèle, y compris l'espace et le temps, sont involués (reployés) en lui. Aussi bien, l'hologramme représente un ordre de distribution. Ses caractéristiques non-locales sont précisément celles que pose le problème de la physique quantique. Nous pourrions dire que l'ordre impliqué de la physique " entraîne " un processus de Fourier dans le cerveau du physicien. (Précisons cependant que " impose ", au lieu de " entraîne ", serait une meilleure description de la relation qui s'établit dans ce cas.)

Le parallèle avec l'exemple du coq et du soleil peut être ainsi complété : il existe bien un mécanisme dans le cerveau qui peut être considéré comme un ordre qui se trouverait derrière les corrélations observées de la physique quantique. Cet ordre réside dans les transformations de Fourier appliquées à un modèle spatial. De même qu'une compréhension du processus d'entraînement des rythmes circadiens rend possible la compréhension des liens causaux impliqués dans la corrélation entre le coq qui chante et le soleil qui se lève, de même une compréhension du processus de Fourier dans le cerveau rend possible la compréhension des liens causaux impliqués dans les corrélations qui s'imposent dans la physique quantique.

Résumons ce que nous avons vu ! Le chant du coq précède le lever du soleil. D'ordinaire, on a coutume de considérer que la causalité opère dans le même sens que la flèche du temps. Mais cela est incohérent dans le cas du coq et du soleil ; aussi avons-nous recherché une explication et l'avons-nous trouvée dans le

---

* Rappelons que Karl Pribram a développé cette hypothèse, selon laquelle l'information (et la reproduction d'images) se répartit dans le cerveau par un processus analogue à l'holographie, dans *The Holographic Hypothesis of Memory Structure in Brain Function and Perception* — Pribram, Nuwer et Baron, 1974. (*N.d.E.*)

déroulement des rythmes circadiens innés du coq. En physique quantique, des problèmes similaires surgissent en ce qui concerne la causalité immédiate : l'effet paraît précéder la cause, ou bien il n'y a absolument aucune base permettant de comprendre la corrélation observée. C'est également incohérent, aussi nous a-t-il fallu chercher une explication. Suivant la démarche selon laquelle c'est l'intrusion de l'observateur dans le phénomène d'observation qui peut expliquer le problème, nous avons étudié le cerveau de l'observateur et découvert le processus de Fourier ; processus par lequel des modèles sont transformés en un ordre assimilable à celui de l'holographie et à partir duquel ils peuvent être reconstitués.

Il faut donc maintenant se demander si le fait que le processus de Fourier se déroulerait réellement dans le cerveau a un pouvoir explicatif en physique.

La réponse à cette question dépend du pouvoir qu'ont le théorème de Fourier et toutes les procédures mathématiques qui en découlent, de transformer les choses, en partant du monde de l'espace/temps ordinaire où règne la causalité immédiate, en un ordre involué, distribué et non-local, dans lequel des corrélations, et seulement elles, existent. Ce pouvoir de transformation est utilisé en traitement informatique et en sciences statistiques sous la forme des " transformations rapides de Fourier ", chaque fois — et à quelque niveau que ce soit — que des corrélations doivent être calculées. Il est aussi à la base des procédures CAT et PET qui forment des images en corrélant, dans ce domaine de transformation, les résultats d'enregistrements individuels restreints.

Une fois que la nature non-locale du domaine de transformation est clairement reconnue, sa présence peut aider la compréhension à de nombreux niveaux. Là où cette ubiquité est peut-être la mieux mise en valeur, c'est dans la formule de base d'Einstein, concernant la relation entre énergie et masse : $E = m.c^2$. En physique quantique, E, l'énergie, est mesurée en termes de moment ; m, est la masse des gravitons apparaissant en certains endroits ; c, est la vitesse de la lumière déterminant la flèche du temps. (A la vitesse de la lumière, le temps reste immobile.) Ainsi, le côté droit de l'équation d'Einstein représente l'espace/temps tel que nous avons coutume de le

percevoir. Quant au côté gauche, il représente le moment,
c'est-à-dire le potentiel d'énergie disponible à tout instant. E
est par conséquent un terme non-localisé qui, en fait, est relié à
l'espace/temps à travers une transformation de Fourier !

Le cerveau, comme nous l'avons vu plus haut, a la capacité
d'opérer à la fois selon un mode spatio-temporel et un mode
non-local. Alors pourquoi, en physique quantique, sommes-
nous astreints à ne pouvoir observer que l'un ou l'autre ?
Pourquoi ne pouvons-nous pas observer simultanément le
moment et la localisation ? La réponse à cette question tient à la
complémentarité, inhérente aux techniques et à l'appareillage
utilisés pour faire les observations. Précisons cependant que,
en suivant la conception de Bohr, la complémentarité est une
propriété fondamentale à la fois de la " chose " observée et de
l'observateur, et non pas seulement un *artefact* introduit par la
procédure choisie. Le théorème de Fourier exprime cette
complémentarité de base.

Reconnaître l'existence d'un domaine non-local de transformation, dans lequel des corrélations et seulement elles peuvent
avoir lieu, replace les observations qui sont subsumées sous le
concept de synchronicité dans un cadre général où l'on trouve
d'autres observations de non-localité. La synchronicité paraît
bizarre parce que nos sens et nos cerveaux sont programmés
pour rechercher des causalités immédiates, quand bien même
seules des corrélations seraient observées. Dans le cas de la
synchronicité, comme dans le cas du coq et du soleil et dans
celui de la physique quantique, des relations causales ne
pourraient être introduites que par référence à l'observateur
qui se tient derrière les observations. Le cerveau de l'observateur est doté des capacités de transformation qui permettent
d'établir un ordre non-local aussi bien qu'un ordre spatio-
temporel d'événements.

Il y a qu'il reste plusieurs problèmes difficiles. Pourquoi
l'ordre spatio-temporel est-il beaucoup plus facile à atteindre
que l'ordre non-local ? Est-ce que les ordres complémentaires
de l'espace/temps et de la non-localité sont exhaustifs, ou bien
existe-t-il d'autres ordres qui n'ont pas encore été découverts ?
(Cette question pose le problème des mondes multiples possibles.) Par quels mécanismes les expériences mystiques, qui

manifestent souvent des propriétés de non-localité, se trouvent-elles déclenchées ? Et pour finir, l'ordre spatio-temporel, l'ordre non-local, et tous les autres ordres possibles sont-ils entièrement une construction de nos sens et de nos cerveaux, ou reflètent-ils une cosmologie universelle à laquelle nos sens et nos cerveaux participent ? (Cette question est la même que celle qui demande si les mathématiques sont une invention ou une découverte.)

Il ressort de ce que nous avons vu dans ces quelques pages, qu'un aspect important de la recherche, en vue de répondre à ces questions, consiste à en savoir plus sur le cerveau qui pose justement ces questions. De nos jours, une fois encore, il semble essentiel de joindre les efforts réalisés dans les sciences de la vie avec ceux qui sont menés dans le domaine des sciences physiques. Il y a à peine un siècle, une psychophysique sensorielle et quantitative a été élaborée à partir d'une telle convergence. Aujourd'hui, le besoin se fait sentir de développer une science fondée sur l'étude du cerveau, qui puisse embrasser à la fois la physique moderne et la nature spirituelle de l'être humain.

L'ÉVOLUTION EN TANT
QUE CONTINU SYNCHRONISTIQUE

par Hansueli F. Etter

PLATON CONTRE ARISTOTE

Le Timée — du nom d'un pythagoricien qui est le personnage principal de l'entretien — est le seul dialogue de Platon
(427-347) qui traite de la philosophie de la nature. Timée y
exprime son scepticisme au sujet de l'appréhension du monde
par le moyen des seuls sens. En opposition à celle-ci, il se fonde
sur le monde immuable et éternel des idées qui peut être saisi
par la pensée. Les réalités produites par celle-ci n'étaient, pour
lui qui était étranger à la recherche empirique de la nature, que
des apparences. C'est ainsi que Dieu a créé le sensible de la
nature d'après les idées éternelles qui demeurent inchangées à
travers les temps en tant qu'existences indivisibles dans l'au-
delà. Les idées sont les sources de toute existence naturelle.
Platon souligne ainsi deux points qui seront très importants
pour nous. En premier lieu, le côté sensible de notre existence
n'est, selon sa théorie, que la représentation éphémère d'une
manière d'être dans l'au-delà. Du nouveau peut sans cesse
émaner de la matière, mais seulement en tant qu'expression de
réalités de l'au-delà. En second lieu, ces réalités de l'au-delà
sont indivisibles, immuables et éternelles. Tout développement leur est interdit. Platon donne ainsi une image essentiellement statique du monde matériel, qui n'a de transparence que
dans une seule direction, à savoir en descendant de l'au-delà
vers l'ici-bas. Tout effet de retour de la nature d'ici-bas vers les
réalités de l'au-delà est pour lui, au minimum, impensable.

Son élève, Aristote (384-322) arrive à dix-sept ans à Athènes pour entrer à l'académie de Platon, alors âgé de soixante ans, et argumente bientôt en sens contraire. La réalité de la conception aristotélicienne du monde s'enracine dans l'ici-bas. Il ne reconnaît d'existence primaire qu'à ce qui est perceptible par les sens. Raison et nécessité, cause et action jouent pour lui des rôles fondamentaux. Ses idées émanent du sensible, et si elles s'affirment éternelles et immuables, ce qui est proche de la nature naît et disparaît, est soumis à un mouvement continuel et à une nécessité constante. Il déclare de manière abrupte : " Il est clair que la Nature est Origine dans le sens de la Nécessité. "

A l'opposé de Platon, Aristote croit donc à l'existence élémentaire des phénomènes naturels que peuvent saisir les sens. Comme, durant le Moyen Age, l'autorité littérale d'Aristote s'est finalement imposée, c'est bien entendu sa pensée qui est la plus proche de nos modèles de pensée scientifique moderne — puisque ceux-ci reposent pour une large part sur des concepts aristotéliciens. De plus, c'est finalement l'analyse causale de l'être qui est déterminante pour Aristote, et c'est pourquoi la raison et la nécessité ont chez lui une importance primordiale.

C'est en ce sens que Platon s'oppose à Aristote. Il s'agit en fin de compte d'une opposition entre matérialisme et métaphysique. Aucun des deux philosophes ne nie l'existence de l'autre façon d'être, mais chacun maintient son point de vue pour ce qui est d'une existence primaire, cependant que l'autre côté n'est que représentation, reflet ou idée subordonnée à l'original. Pour l'un et l'autre, l'image du monde n'est transparente que dans un seul sens — mais dans un sens opposé.

Cette querelle historique n'est toujours pas résolue. La science matérialiste explique l'existence de la nature par elle-même, par une formation continue accidentelle qui mène du simple au compliqué et de l'hydrogène jusqu'à l'homme. Elle cherche à se passer de toute représentation de l'au-delà et considère les réflexions à ce sujet comme des idées secondaires dans le sens d'Aristote.

Toutes les religions en revanche se concentrent d'abord sur l'au-delà dont elles présupposent l'existence première et éternelle. Sous cet angle de vue, ce n'est qu'au regard de l'au-delà que la vie trouve son sens.

Jusqu'à aujourd'hui, il n'a pas été possible de relier ces deux attitudes de base, et encore moins de les réunir. Ces deux conceptions, étonnamment, s'opposent encore de nos jours ou se font face tout du moins sans un réel dialogue. On n'a encore jamais assisté qu'à des tentatives isolées de synthèse, et encore celles-ci n'ont-elles abouti la plupart du temps qu'à être repoussées par chacun des camps en présence sous la force de l'incompréhension et du dogmatisme.

LE NÉO-DARWINISME

Entre l'aspect et la structure des organes d'un côté et les défis auxquels ils sont soumis dans l'environnement naturel de l'autre, il existe une relation fonctionnelle étroite. Cela signifie que leur construction est accordée d'une façon optimale à la fonction qu'ils ont à remplir ou inversement. Ces relations entre forme et fonction ont été démontrées pour un grand nombre d'organes. En réalité, il n'est plus possible de douter de ce que chaque organe — qu'il s'agisse d'os ou de parties molles — ne soit biologiquement adapté d'une façon optimale, de par son aspect ou sa structure, à sa fonction [1]*. Seules quelques exceptions peuvent être opposées au nombre écrasant des exemples qui vont dans ce sens.

Lorsque nous parlons de relations fonctionnelles, il s'agit évidemment, suivant nos schémas de pensée scientifique, de relations causales. Cela veut dire que la forme et la fonction d'un organe sont reliées par une chaîne causale et que l'une a émané de l'autre en tant que cause. A un niveau ontogénique, et sur des parties déterminées du squelette de l'homme, Roux (1895) tout d'abord, puis plus tard Pauwels (1965), Kummer (1959, 1962) et d'autres ont pu en arriver à des déductions d'ordre mécanique. Ils ont démontré que lors d'un changement de fonction d'une partie d'os, ainsi lors d'une fracture, l'os

---

* Les appels de note renvoient aux *Remarques* que l'on trouvera en fin de ce texte.

s'adapte aux nouvelles charges auxquelles il est soumis par croissance ou par résorption dans le sens d'une meilleure prise en compte des forces nouvelles et en fonction des possibilités du matériel dont il dispose. Il est évident dans ce cas que les différentes cellules qui le composent, retiennent l'information pour réagir d'une manière optimale (dans le sens technique de ce mot), à des excitations mécaniques déterminées. Ceci se traduit pour les os par une plasticité étonnante en ce sens que, dans le courant d'une vie individuelle, ils peuvent jusqu'à un certain degré s'adapter à des fonctions déterminées. Des processus similaires sont aussi connus par exemple en rapport avec les changements de charge occasionnés par les déficits de transformation dus au vieillissement de l'homme. Dans d'autres domaines de la vie quotidienne, nous fortifions nos muscles par l'entraînement, nous augmentons les pigments de la peau en nous exposant aux rayons solaires, nous multiplions nos globules rouges par un séjour dans une atmosphère pauvre en oxygène, nous améliorons la circulation sanguine dans les extrémités de notre corps en vivant dans des zones climatiques froides, nous produisons des anticorps en emmagasinant des antigènes, etc.

A côté de cette possibilité génétique de réagir à des influences de l'environnement de manière sensée, c'est-à-dire en maintenant le système, chaque organe possède une information génétique établie qui concerne ses structures et ses formes fondamentales, et que nous appelons un plan de construction. Ces plans de construction sont utilisés par les biologistes qui travaillent dans le domaine de la taxinomie afin d'établir des définitions systématiques et de mettre de l'ordre dans le royaume des animaux et des plantes. Plus deux espèces sont apparentées, plus leurs différences à l'intérieur des plans de construction s'atténuent. Ces faits peuvent être prouvés jusqu'au bas de l'échelle, au niveau des molécules, c'est-à-dire des séquences des acides aminés et des polypeptides (Dayhoft 1969).

La forme et la structure d'un organe disposent ainsi de deux sortes d'informations génétiques essentiellement différentes dans leurs effets :

1) l'information qui détermine le plan de construction à l'intérieur duquel

2) l'information devient efficace et rend possible au cours de l'ontogenèse l'adaptation individuelle d'un organe à des effets déterminés et à l'intérieur de certaines limites.

Comme on l'a déjà signalé, on a pu amplement démontrer qu'il existait dans ce deuxième cas une chaîne de relations causales entre la forme et la fonction. Mais, que devient cette chaîne causale dans le premier cas phylogénétiquement collectif ? Pour la survie d'une espèce, ce sont essentiellement les plans de construction qui lui sont génétiquement affectés qui doivent être adaptés aux fonctions spécifiques.

Suivant la théorie néo-darwiniste moderne, l'évolution des éléments se place à deux niveaux : celui de la biologie moléculaire et celui de la population. Ce sont les spirales doubles d'ADN dont 3 des 4 bases forment un triplet qui, en tant que nucléotide, représente la plus petite unité du code génétique, qui sont porteurs de l'information génétique. Trois nucléotides forment ensemble une unité de codification pour un acide aminé. Le code est lu d'un bout à l'autre de la chaîne d'une manière continue et l'absence d'un seul nucléotide modifie l'information de toute la séquence suivante. La lecture complète et sans erreur de l'ensemble des deux spirales permet la reproduction sans changements des informations génétiques, c'est-à-dire qu'elle assure l'existence continue des plans de constructions spécifiques.

Les spirales doubles d'ADN, de leur côté, sont rassemblées dans des chaînes qui, sous certaines conditions, apparaissent en tant que chromosomes au centre de la cellule. C'est dans ces chromosomes que se trouve l'information génétique quand on la prend dans son ensemble.

L'apparition de mutations s'étend à tous les organismes et à toutes les cellules. Elles concernent des changements spontanés et occasionnels de la substance. Elles peuvent, soit concerner les centres de la cellule en tant que tels, en ce sens que le type des chromosomes y change, soit s'attaquer à des chromosomes particuliers, en ce sens que des changements grossiers et perceptibles au microscope y apparaissent. D'autre part, elles peuvent concerner des portions plus ou moins courtes de l'ADN en ceci qu'elles transforment des séquences de nucléotides et que celles-ci ne deviennent reconnaissables que par la constatation d'un comportement génétique " modifié ".

Si des mutations du soma se produisent, des changements génétiques sous forme de mosaïque peuvent apparaître, dont l'ampleur dépend de la mutation elle-même dans le courant de l'ontogenèse.

Des mutations génératives affectent en revanche l'héritage transmis à l'intérieur du processus de germination (*germen* vs *soma*), et mènent de ce fait à des transformations du code génétique qui entraînent quelquefois des conséquences collectives.

C'est de ces dernières conséquences qu'il sera exclusivement question par la suite.

La *fréquence* des mutations est indiquée par le *taux* de mutation — qui est souvent difficile à évaluer. Chez la drosophile, elle est estimée à environ 5 % dans des conditions naturelles et chez l'homme on pense que, dans chaque génération, entre 10 à 40 % des gamètes sont porteurs de nouvelles mutations. Le taux de mutation dépend du temps et de différents *stimuli* fournis par l'entourage tels que la température (une augmentation de 10 % de la température par exemple double les taux de mutation!), les substances chimiques ambiantes, la lumière ultraviolette, les rayons ionisants entre autres.

Dans la plus grande partie des cas, une mutation est liée à une affection du matériel génétique et, de ce fait, avec son agent porteur[2].

Les mutations augmentent la variabilité intraspécifique des phénotypes. S'y ajoutent des mécanismes qui mènent à l'évolution des populations comme la dérive de Allel, l'effet de Servall-Wright, ou bien l'élimination, l'isolation et la sélection. Seule, de tous ces exemples, la sélection représente un facteur dirigé, alors que les autres mécanismes sont soumis au hasard (cf. Kimura, 1980).

Suivant la conception actuelle, l'hypothèse " un gène, un enzyme " vaut autant que celle où un gène peut influer sur des phénomènes différents ou, à l'inverse, celle où différents gènes peuvent influer sur un phénomène (*phène* : symbole de construction et de performance). Dans le cas de la Phénylléeto-nimie chez l'homme par exemple, la mutation d'un seul gène provoque la production d'un agent spécifique qui mène à l'empoisonnement du système nerveux et, en fin de compte, à l'apparition complexe de l'idiotie.

C'est à partir d'un grand nombre de variétés de phènes que s'opère à travers le " diktat " de l'ordonnance de survie, la sélection appropriée. Les seuls déterminants sont ici le hasard (dans le cas de mutation, de dérivation, d'isolation, etc.), ainsi que l'opportunité de la sélection. Ces réflexions peuvent amener certains biologistes modernes à adopter la conception selon laquelle " l'homme est uniquement le produit de l'erreur et de la statistique " (Osche, 1980).

Pour parvenir à une adaptation fonctionnelle dans le sens phylogénétique, nous devons donc comprendre une ou plusieurs mutations dont les phènes apparaissent de plus en plus fréquemment par rapport à une amélioration des chances de survie de l'espèce à l'intérieur d'une population donnée, amélioration qui doit finalement s'établir dans l'espèce toute entière. Cette amélioration repose sur le changement d'une structure, dont l'incidence fonctionnelle sur l'écosystème de l'espèce en question conduit à une meilleure possibilité de conservation.

Des structures fonctionnellement adaptées apparaissent donc essentiellement comme des variantes occasionnelles de structures déjà existantes, dont les porteurs sont avantagés par sélection sur la base d'une meilleure aptitude fonctionnelle. Grâce à un taux plus élevé de reproduction, à des taux de sélection diminués et à d'autres mécanismes que nous avons déjà évoqués, un *nouveau caractère* peut, petit à petit, s'étendre à toute une espèce.

CONSÉQUENCES PARADOXALES

Comme il nous est impossible de rendre compte de la manière dont une erreur de transcription biologique au niveau moléculaire de l'ADN peut advenir en tant que phène avec ses conséquences macroscopiques à la fin de la chaîne causale biochimique, chaque mutation doit être considérée comme un événement au hasard — d'autant que de nouvelles recherches nous prouvent que pour ce qui est de la répartition de Allel, ce sont des mécanismes aléatoires qui entrent en jeu. Cette constatation place le chercheur scientifique devant un problème fondamental : aussi bien au niveau de la mutation, que de la recombinaison des gènes, de la division cellulaire ou de la reproduction des espèces, le hasard seul régit l'évolution. De plus, il joue un rôle central dans la répartition des gènes à l'intérieur des populations. Or, le hasard n'est pas normalement un facteur d'ordre, mais il augmente au contraire l'entropie à l'intérieur d'un système fermé en le conduisant au *chaos*.

L'évolution biologique, cependant, signifie la construction d'un ordre de plus en plus complexe dans la nature animée et ceci, dans le sens d'un développement supérieur (*cosmos* vs. *chaos*).

Pour qu'un phène polygénique d'un organe puisse mieux s'adapter à une fonction nouvelle, un ou plusieurs gènes déterminés au hasard doivent d'abord muter dans le même sens pour pouvoir ensuite se recombiner d'une façon adéquate. Des avantages déterminants pour l'organisme n'apparaissent néanmoins que lorsqu'une multitude de phènes macroscopiques ont muté dans la mesure où chaque caractère d'un organe fait partie intégrante d'un contexte fonctionnel très étroit. C'est ainsi que plusieurs organes doivent souvent changer ensemble puisque, dans la plupart des cas, ce sont plusieurs organes d'un organisme qui sont fonctionnellement accordés les uns aux autres. A ceci s'ajoute encore qu'à l'intérieur d'une population donnée, des mutations similaires bien qu'aléatoires doivent se produire à peu près en même temps chez un certain nombre d'individus, et que ces mutations doivent avoir le même indice de pénétration et le même taux de dominance, pour pouvoir produire dans le phène concerné l'effet approprié afin que, dans le mécanisme de la reproduction des espèces, ces mutations puissent être livrées à l'épreuve de la sélection. Si aucune sélection ne filtre à ce moment les nouveaux caractères ou si ceux-ci sont encore neutres, ils doivent être alors, quoique d'une façon contingente, bien dérivés, ou isolés — ou des caractères de concurrence ultérieure doivent être éliminés pour que le nouveau caractère soit conservé pour l'espèce jusqu'au moment où apparaîtra son nouvel avantage sélectif.

De plus, chaque organisme aussi bien que chaque population se trouvent inclus dans un système " économique " complexe où ils aident comme partie à préserver le tout. C'est pourquoi l'ensemble du système, ou au moins une partie de ce dernier, doit muter à son tour d'une manière concomitante et concordante. Que l'on songe par exemple à des cycles parasitaires extrêmement compliqués comme celui du petit *Leberegel*.

La sélection se fait ainsi sentir dans la fonction des caractères par rapport à l'ensemble du système, mais, à l'inverse, une fonction ne peut être exercée que lorsque sa base organique existe déjà.

Devant cette nécessité que, pour qu'un pas évolutif se produise, un grand nombre de caractères et un nombre incalculable de gènes doivent changer au hasard, mais en même temps et dans le même sens, il semble qu'on ne puisse imaginer que deux possibilités théoriques :

1) ou bien les mutations nécessaires à un pas évolutif se produisent dans des moments biologiques courts, ce qui paraît difficile à accorder avec le caractère fortuit des mutations, ou bien

2) des formes intermédiaires moins adaptées durant des laps de temps biologiques plus courts sont sélectionnées d'une façon drastique en vue de l'effet recherché, à savoir de nouvelles formes d'adaptation — mais cette hypothèse ne répond pas au principe darwinien de la sélection du plus apte.

Nous butons ici, aux racines mêmes du néo-darwinisme, sur un nouveau paradoxe biologique.

Wolfgang Pauli, à cet égard, a émis des réserves fondamentales sur le modèle d'évolution fourni par le néo-darwinisme parce que, selon lui, et en relation avec les durées temporelles qui y sont impliquées, aucun véritable calcul de probabilité n'y est réellement applicable.

" Une (vérification du modèle), écrit-il, devrait consister en une comparaison entre l'échelle de temps théorique de l'évolution telle que le modèle l'entrainerait, et son échelle de temps empirique : il faudrait montrer dès lors que, grâce au modèle adopté, ce qui s'est réalisé *de facto* correspondait effectivement à une probabilité théorique suffisante dans le temps connu empiriquement. Mais une telle tentative n'a nulle part été amorcée. " (cf. Pauli, 1961, page 123, et comparer avec Frey-Wehrlin, 1976). Des essais isolés ont toutefois été entrepris depuis lors, mais ils ont abouti à la même conclusion : la seule considération des taux de probabilité met déjà en question la validité de la théorie évolutive du néo-darwinisme si l'on admet que le hasard en est le seul moteur.

Si nous admettons par exemple que cent structures fonctionnelles différentes peuvent connaître chacune dix changements morphologiques différents parmi lesquels un seul se révèle approprié, alors, dans le cas d'une nouvelle construction totalement aléatoire de ces cent structures, avec une probabilité de réussite de 10^{-20} pour chacune d'entre elles, il y aurait à chaque fois une seule des possibilités potentielles pour sortir correctement élaborée. Admettons encore que, à chaque génération, cent constructions apparaissent en rapport avec ces cent structures : le taux de mutation est ici au maximum, et pourtant le développement des cent structures ne se produirait qu'une seule fois dans le cours de 10^{18} générations à la suite. Dans le cas où la durée d'une génération serait d'environ 8 heures, ce petit pas évolutif n'apparaîtrait en moyenne qu'une fois toutes les 10^{15} années. La durée d'existence entière de la biosphère, qui est environ 2×10^9 années, n'y suffirait même pas. Si, à l'inverse, ces 100 structures devaient être restructurées dans le laps de temps effectif de l'évolution biologique soit 2×10^9 années, il faudrait que 100 millions de mutations se produisent à l'intérieur de chaque génération de 8 heures. De plus, elles devraient toutes muter, et les formes intermédiaires moins adaptées devraient, pendant ces 2×10^9 années, rester au moins toutes neutres sur le plan sélectif.

Cette réflexion ne prend par ailleurs même pas en considération les faits suivants, à savoir que chaque caractère morphologique (autant que nous le sachions aujourd'hui), est transmis de façon polygénétique, que chaque gène est constitué d'un plus grand nombre de nucléotides, qu'un acide aminé est codifié par 3 nucléotides qui sont constitués pour leur part de quatre types possibles de bases, et enfin que chaque gène peut encore influencer plusieurs phènes. L'invraisemblance à ce qu'un organisme puisse se former par hasard dans le sens d'une meilleure adaptation à de nouveaux rapports écologiques, tend ainsi vers un ordre de grandeur qui dépasse de très loin toute mesure possible — et plausible.

Déjà, d'après les seules hypothèses que nous avons évoquées, l'âge de la biosphère, qui est estimé aujourd'hui à environ 2×10^9 années, devrait être augmenté à des dizaines de puissances. Pourtant, si nous ne pensons plus seulement à une étape de développement biologique relativement restreinte comme celle que nous avons prise en exemple, mais que nous passons à l'ensemble de la phylogenèse depuis l'unicellulaire jusqu'au mammifère, alors, l'hypothèse selon laquelle des mutations fortuites sont le moteur de l'évolution devient insoutenable eu égard au temps disponible.

En outre, Wolfgang Pauli fait remarquer que, dans l'évolution biologique, les événements très rares, ou même uniques, sont spécialement importants. Le malheur est qu'ils ne donnent pas prise à une mise en forme statistique. Il est impossible de venir à bout d'événements singuliers avec les méthodes de la science classique. Et pourtant, les mutations qui entraînent un développement supérieur sont des événements singuliers.

Bien que les deux agents de l'évolution que sont mutation et sélection, soient couramment acceptés des spécialistes et que, jusqu'à présent, seules quelques personnalités du monde scientifique aient tenté de penser un principe supplémentaire qui s'ajouterait au temps causal, on perçoit ici et là de la gêne quant au modèle purement mécanique de l'évolution. Parmi ces personnalités, il faut d'ailleurs noter que figurent certains des biologistes les plus en vue de notre siècle.

Déjà, Von Uexküll écrivait en 1928 : " Au lieu de parler de méthode (ordre, ordonnancement), nous pouvons aussi bien parler de fonctionnement, d'harmonie ou de sagesse, le mot importe peu. Ce qui importe, c'est de reconnaître l'existence d'une forme propre à la nature qui est déterminante par ses règles. Sans la reconnaissance de cette force, la biologie reste une illusion vide. " De même, Hediger (1974) pense que

" celui qui regarde la variété inouïe du royaume animal et végétal, celui qui, par conséquent, ne se limite pas à des problèmes isolés ou de détail du devenir biologique, celui-là ne peut accepter le dogme unique du hasard et de la sélection qui réduit toute apparition de la vie à des phénomènes de chimie ou de physique ". A la publication de son livre de 1973, Grassé lui répondit : " L'évolution n'est pas le fruit du hasard, même corrigé par la sélection, agent de la finalité et anti-hasard " (Hediger 1974, page 103), et Von Frisch : " Ma sympathie et mon accord tout particuliers vont à votre attitude face au point de vue de la plupart des biologistes et des généticiens contemporains, selon lesquels on peut expliquer toute la phylogenèse par les principes de mutation et de sélection. Je suis persuadé que ce point de vue n'est pas correct, et que d'autres forces étaient aussi à l'œuvre, dont nous n'avons encore aucune idée. " (Hediger 1974, page 103).

Lorenz lui-même exprime son scepticisme quand il écrit : « C'est une erreur de penser que le " pur hasard " régit le devenir des organismes. » (1967 page 308). Et lorsqu'il déclare plus tard que " le libre jeu de facteurs qui ne tendent vers aucun but, n'est lié en rien à aucune raison cosmique préétablie. Le jeu dans lequel rien n'est fixé, mis à part les règles du jeu, a mené à l'apparition de la vie au niveau des processus moléculaires, il a créé l'évolution et promu le devenir des formes de vie supérieures. Ce libre jeu est probablement la condition pour tout ce qui arrive de créateur dans le vrai sens du terme... " (Lorenz, 1978), il implique l'idée d'un *acte fortuit de création dans le temps*.

Portmann est lui aussi de l'avis que le hasard et la sélection ne suffisent pas à tout expliquer et soupçonne d'autres facteurs d'être à l'œuvre, ce que pointe de même Heitler (Portmann, 1949 ; Heitler, 1970, cf. également Thürkauf, 1976, 1979).

Cent ans plus tôt, Darwin avait déjà nourri les mêmes doutes : " je ne peux pas croire, disait-il, que le monde tel que nous le voyons soit le résultat du hasard, et pourtant je ne peux pas concevoir non plus chaque chose individuelle comme le résultat d'une intention ". (cit. de *La Volonté,* page 16, 1906). C'est dans cette perspective que, aujourd'hui, " tous les biologistes sont darwinistes et qu'en biologie, il n'y a pas de sens possible sans la prise en compte de l'évolution " (Osche, 1980).

C'est dans cette même perspective, néanmoins, que nombre de biologistes de renom répugnent à rendre publics leurs doutes, et sans doute aussi parce que des propositions de solutions alternatives font largement défaut, ou qu'elles indiquent une direction qui présuppose la croyance en un finalisme fondé sur un déterminisme *a priori* (cf. Theillard de Chardin 1960), et qu'elles quittent de ce fait le terrain de la vraie science. C'est à Pauli toutefois qu'il est revenu d'indiquer que l'explication causale de l'évolution n'était pas suffisante, et de proposer de prendre en considération des facteurs synchronistiques.

La pensée scientifique de notre temps, qui apparaît pour la première fois chez les grands philosophes grecs tels qu'Héraclite, Pythagore, Platon, Aristote et d'autres, fut revivifiée en Europe par le Moyen Age finissant. Les exploits de Galilée, de Kepler et de Newton lui permirent une véritable percée. Pour Kepler, par exemple, les lois des orbites planétaires à la formulation mathématique encore simple reflétaient l'harmonie divine du monde : divin et profane, au-delà et ici-bas, intérieur et extérieur, psychique et matériel appartenaient pour Kepler, et d'une manière indivisible, à l'expression d'un seul monde. Ce fut Descartes en revanche qui s'écarta du dualisme scolastique et ne se fia plus qu'à la raison, ou plutôt à la pensée causale de type mécanistique. Il limita ainsi ses possibilités d'explication à une seule moitié du processus de la vie, à l'ici-bas, au profane, à l'extérieur, au matériel et à l'objectif, ce qui s'exprime avec toute la clarté désirable dans le fameux " grand rêve " qu'il rapporte et qu'il ne comprend pas lui-même (Von Franz, 1952).

Les postulats de base de la pensée scientifique moderne prennent leurs racines en ce temps. En ce sens, les prémisses de toute pensée scientifique reposent sur la quantification, sur la possibilité de reproduction des expériences et sur l'idée de la causalité, ensemble désigné par le mot générique d'objectivité.

C'est peut-être aussi pourquoi certains phénomènes de la nature animée semblent difficiles à aborder par le biais des méthodes scientifiques traditionnelles, tels que les événements particulièrement rares ou uniques, les phénomènes à caractère subjectif ou ceux qui se dérobent à l'analyse causale.

En biologie, des circonstances aggravantes viennent encore s'ajouter. D'un côté, en effet, la pensée typologique d'origine platonicienne ne donne finalement qu'une image statique de la nature, qui n'a d'ailleurs même pas besoin d'être réalisée une seule fois dans toute la biosphère. A l'inverse, d'un point de vue dynamique, la biologie ne sait penser que sur des processus d'exception, c'est-à-dire sur des variabilités. Notre image de la nature ne correspond ainsi qu'à un modèle simplifié moyen avec lequel il nous est possible de travailler. De plus, une grande partie des biologistes ne s'occupe pas de la nature animée, mais de la nature morte — comme par exemple en anatomie, en paléontologie, en histologie, etc. Cela mène à son tour à la formation de modèles en tant qu'ils sont la meilleure approximation possible de la nature animée. Enfin, la nature est contrainte à des conditions restrictives imposées par l'expérimentation, afin qu'elle puisse donner des réponses aux questions imaginées par l'expérimentateur. " Chaque réponse de la nature est conditionnée de ce fait par la manière dont la question est posée, et le résultat représente un produit mixte. La conception dite scientifique du monde qui repose sur ces données, ne peut donc rien être d'autre qu'un aspect fragmentaire et psychologiquement préjudiciel " (Jung, 1952).

Ces restrictions de départ à toute tentative de compréhension de la nature animée mènent malheureusement presque toujours à une fausse conception de la nature elle-même dans la mesure où on oublie ces conditions initiales à l'exercice de la pensée, et où on finit par identifier le modèle avec la réalité de ce qu'il tente de décrire.

Ce furent les physiciens qui, lorsqu'ils durent se confronter au paradoxe de la double théorie ondulatoire et corpusculaire de la lumière, reconnurent les premiers la relativité des notions de localité et de temps dans les domaines subatomiques de la physique quantique et se heurtèrent à des limites internes à la connaissance scientifique. Dans les dimensions où les lois de la mécanique quantique sont de rigueur, où surviennent des événements isolés et où, comme en astrophysique, le continu espace-temps " commence " et peut-être " finit ", la forme de pensée qui se détermine par les trois seules notions de l'espace, du temps et de la causalité n'est plus vraiment suffisante. (cf. note 3).

Les mutations qui accélèrent l'évolution de la nature animée sont, lorsqu'il s'agit de mutations ponctuelles, des événements isolés qui se manifestent sur une base moléculaire et qui semblent d'abord relever des lois de la mécanique quantique (Heitler, 1970). Nous sommes ainsi renvoyés au fait que, dans l'observation d'événements singuliers dans le domaine subatomique, localité et vitesse ne peuvent plus être déterminés de façon exacte et simultanée, et que les résultats obtenus, ne peuvent être décrits que par des relations de probabilité — et donc, des concepts mathématiques abstraits. De plus, lors de l'apparition de nouvelles particules élémentaires, la causalité n'apparaît plus toujours comme un principe illimité.

C'est ainsi que, derrière l'expression " simple " et souvent utilisée de l'adaptation fonctionnelle dans son sens phylogénétique, apparaît le nœud complexe d'un nombre incalculable d'événements fortuits qui, vus à la lumière du néodarwinisme, amènent à des rapports biologiques paradoxaux.

Pourtant, aucun doute à la base n'a été vraiment avancé jusqu'à aujourd'hui, qu'il s'agisse des découvertes en biologie moléculaire ou en génétique, ou de la réalité de l'évolution dans la nature animée, ou des rapports établis entre forme et fonction à l'intérieur de la biosphère. De fait, il est bien évident qu'expérience et observation nous conduisent globalement à des résultats convaincants. Nous sommes donc ici d'après moi, entre l'invraisemblance théorique et la certitude des découvertes objectives, devant une contradiction dont la solution dépasse les limites de notre pensée et de notre sentiment scientifiques actuels.

C'est pourquoi je suis porté à conclure que, pour la compréhension des événements évolutifs, la pensée qui se limite à un cadre spatio-temporel d'ordre causal est insuffisante et qu'il faut rechercher un autre principe au-delà de ce cadre. Ce principe devrait alors nous donner la possibilité de pouvoir comprendre les événements aléatoires qui sont à la base de l'évolution, c'est-à-dire les mutations, comme des événements ordonnateurs.

SYNCHRONICITÉ ET ÉVOLUTION

Les mutations ont lieu dans l'espace et dans le temps, mais leurs apparitions sont fortuites — et donc a-causales. Leur particularité dominante est qu'elles font sens au regard de l'évolution. Elles permettent cette dernière et occasionnent un développement qui se fasse " en hauteur ". Derrière les mutations se trouve donc à mon avis un principe a-causal signifiant : la synchronicité.

Dans notre système occidental de pensée et de compréhension, une structure différenciée qui permette d'appréhender ce qui est causal et ce qui ne l'est pas, manque cruellement, ce qui n'est pas le cas, au contraire, dans les catégories de la philosophie extrême-orientale. Cela occasionne là-bas un entrelacement individuel qui est toujours perceptible entre une pensée analytique étroitement causale d'un côté, et l'acceptation sérieuse de signes, d'oracles et d'autres événements de nature proprement symbolique de l'autre. Certains hommes religieux peuvent encore accepter dans notre civilisation des marques telles que la providence, le hasard, le destin ou l'intervention divine. Pour le scientifique moderne, en revanche, le concept neutre de hasard, avec un aspect indifférent de chance ou de malchance, doit suffire.

Le plus conséquent dans ce domaine a sans doute été le prix Nobel Jacques Monod, qui a mené jusqu'à son terme la philosophie du hasard dans l'évolution. Il arrive ainsi à la conviction que le hasard seul est à l'origine de telle innovation, de telle création dans la nature animée : le hasard pur, la liberté absolue et aveugle comme base de l'extraordinaire construction de l'évolution. Cette reconnaissance fondamentale de la biologie moderne ne lui paraissait pas l'une des hypothèses possible ou au moins pensable parmi d'autres : elle était la seule possible car elle seule coïncidait selon lui avec la réalité de l'observation et de l'expérience.

Il soulignait par exemple qu'entre le déterminisme d'une mutation de la séquence d'ADN et le déterminisme induit par son indice fonctionnel au niveau de l'action des protéines, on ne peut pas constater de " coïncidence absolue ". Et il ajoutait que « l'événement reste donc dans le domaine du hasard " nécessaire " ». Monod s'approchait ainsi très près de ce que j'appelle le principe de synchronicité dans l'évolution.

Que devons-nous toutefois comprendre par ces termes de synchronicité ou de phénomène synchronistique ? Les phéno-mènes synchronistiques ou les synchronicités représentent la rencontre fortuite de deux ou de plusieurs chaînes causales indépendantes, qui sont caractérisées par leur simultanéité approximative et par le *sens* que l'événement ainsi fortuitement créé produit pour l'intéressé. Jung (1952) parle également de coïncidences analogiques ou de similitudes et pose comme postulat d'explication que la synchronicité est un principe de relations a-causales [5].

Il pose que la synchronicité dans ce sens " ... est seulement un cas particulier d'un arrangement sans cause universel ". Nous rencontrons aussi un tel ordre a-causal, par exemple, dans le domaine de la physique avec les périodes atomiques ou avec la vitesse de propagation de la lumière. Ce sont de manières différentes des valeurs absolues pour lesquelles il n'existe pour nous aucune cause reconnaissable ; les choses sont comme elles sont, et nous ne pouvons pas en produire la raison.

Jung élargit considérablement de la sorte, avec l'aide du physicien Wolfgang Pauli, l'image classique du monde que nous avions jusqu'alors (espace, temps, causalité) par l'intro-duction d'un quatrième principe — tout en étant conscient qu'une telle ouverture ne pouvait être entreprise que sous l'effet d'une nécessité absolue. Cette nécessité était fondée pour lui par le fait que les phénomènes de coïncidence signifiante ne sont pas compréhensibles à l'intérieur d'une vision du monde où des expériences essentiellement humaines ne peuvent être intégrées, et qu'elles nécessitent donc un élargissement de cette vision.

L'idée d'une relation entre toutes choses, la *correspondencia* de Leibniz qui allait encore de soi pour la philosophie médiévale, a commencé à décliner avec l'apparition des sciences de la nature et leurs conceptions d'un monde soumis à la causalité, pour finir par tomber dans l'oubli avec la progression constante de ces sciences. Aujourd'hui, ce sont certaines problématiques et certains résultats de la physique, de la biologie ainsi que de la psychologie et de ses territoires limites, qui se soustraient au contraire à la conception causale et appellent une révision de l'image scientifique du monde (Isler, 1971). Dans la Chine d'autrefois, le principe de synchronicité était l'instrument de base dont on usait pour comprendre le monde alentour et les événements historiques. On posait alors que le comportement structurel de l'homme, le microcosme, était en relation avec le macrocosme. (Von Franz 1978.)

Ainsi entendu, le principe de synchronicité indique en dernier ressort une connexion transcendante de tous les éléments de l'univers.

Dans leur étude sur la *Synchronicité comme principe de connexions a-causales* (1952), Jung et Pauli sont arrivés à un consensus réciproque concernant l'ordre de ce principe. Le cadre espace-temps-causalité dans lequel se meut notre compréhension occidentale du monde y est élevé à la figure d'un *quaternio* par l'introduction de ce concept. Sur proposition de Pauli, la figure est bâtie de telle manière que les postulats de la psychologie des profondeurs et ceux de la physique moderne s'y trouvent satisfaits :

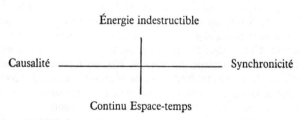

Énergie indestructible

Causalité ———————————————— Synchronicité

Continu Espace-temps

Ce n'est pas le lieu ici de détailler le chemin qu'a parcouru Jung dans sa vie vers cette notion de synchronicité. Je renvoie pour cela à son étude commune avec Pauli[6]. Seul l'endroit de son œuvre où Jung parle des rapports éventuels de la synchronicité et de l'évolution sera cité : " On ne peut rêver ce qu'il a fallu de hasard et de risques durant des milliers d'années pour faire d'un lémurien, un homme. Sous ce chaos de hasard, il y eut probablement des phénomènes synchronistiques à l'œuvre qui, face aux lois connues de la nature, et avec leur aide, permirent de construire à des moments archétypes des synthèses qui nous apparaissent comme extraordinaires. Causalité et téléologie ne peuvent rien ici, car les phénomènes synchronistiques se comportent selon des modèles de hasard " (extrait d'une lettre écrite à un collègue en 1959, Jung, 1971, p. 377).

De son temps, Jung ne connaissait pas encore, évidemment, la signification du hasard dans la théorie de l'évolution telle qu'elle fut soulignée par Jacques Monod. Avec Monod, nous sommes d'avis quant à nous que l'événement qui ordonne une mutation et son incidence fonctionnelle sont liés fortuitement. Lorsqu'une mutation se révèle être, dans son effet final biochimique, un avantage fonctionnel par rapport à l'écosystème, elle est d'autant plus utile pour le porteur qu'elle lui donne une chance individuelle supplémentaire de survie et qu'elle assure mieux la continuation de l'espèce grâce à un taux plus élevé de reproduction. Cette exigence, élaborée de son côté par Jung en vue d'un événement synchronistique, se vérifie d'une manière très exacte lors d'un pas évolutif. Le *sens* réside ici dans une meilleure adaptation, dans une continuation plus assurée de l'espèce, et par conséquent dans la garantie d'une possibilité de développement supérieur.

Parvenus à ce point, il ne faut pas oublier que, dans les conditions qui sont celles des laboratoires, les mutations produites amènent toujours, et de façon remarquable, à des changements qui se révèlent mortels, ou quasi mortels, ou tout au mieux sans importance véritable pour le porteur du phène. Si la théorie néo-darwiniste correspondait aux phénomènes réels de la nature, il faudrait pourtant que, même dans un ordre réduit de fréquence, les changements spontanés de l'organisme qui apparaissent sous l'effet des mutations artificiellement provoquées, procurent au porteur du phène un avantage quelconque, que ce soit dans un environnement artificiel ou naturel. Autant que je sache, on n'a pas pu observer jusqu'à ce jour de développement supérieur à la suite de mutations obtenues de cette façon[2]. On pourrait bien entendu m'opposer que des évolutions obtenues par mutations artificielles sont bien connues en agronomie. Depuis des années, de nombreux laboratoires s'occupent à provoquer des mutations dirigées sur des organismes végétaux (cf. l'établissement de recherche sur les fruits et la vigne qui se trouve à Wädenswil en Suisse). A partir de cerises qui mûrissent naturellement, on produit par exemple des espèces qui viennent à terme au moment voulu pour pouvoir garantir à des entreprises spécialisées — et cela pour des raisons de technique commerciale — des livraisons aussi longues et aussi garanties en volume que possible. De même que l'on ramène des poireaux à des longueurs standard pour éviter des frais inutiles aux usines d'emballages.

A cela, il faut répondre dès l'abord qu'on est bien obligé d'admettre que toutes les plantes de cultures utiles à l'homme, ainsi que les animaux sauvages domestiqués, ont été obtenus selon des mécanismes d'évolution naturellement établis. La sélection s'est simplement opérée selon des angles déterminés, qui nous étaient profitables. Par contre, lorsque des mutations sont établies artificiellement, et donc forcées, elles mènent généralement à des variétés fortuites d'états sauvages.

Avant tout, la transformation des plantes par mutation n'a pu se réaliser que grâce à ce qu'on appelle le caractère de Gigas. Il s'agit de formes qui ont vu se multiplier leur taux de gênes. Cette mutliplication a conduit à de nombreux caractères nouveaux qui ont été très bien reçus par l'homme civilisé : augmentation des organes utiles (épis, fruits, feuilles, racines, pousses), ralentissement du développement (sur plusieurs années parfois), augmentation des variétés pour de multiples sortes de blés, de choux, de plantes d'ornement par exemple. Il faut toutefois noter que dans la culture par mutation de ces plantes utiles, seule la culture polyploïdique a obtenu quelques changements " cibles " dans le sens que je viens de décrire.

Ainsi, c'est sur la mutation de trois paires de gènes que repose la formation de la tête du chou pommé ; ce sont deux paires de gènes dominants qui sont à l'origine de la friabilité des têtes d'épis de l'orge sauvage, et qui provoquent, après mutation, la friabilité accrue de l'orge cultivé. Par exposition aux rayons X, des mutants à six lignes résistants au nuldéon ont pu être produits artificiellement à partir de l'orge à deux lignes et ce nouveau caractère a pu être obtenu à partir d'une seule mutation de gènes.

Si des formes polyploïdes différentes sont abâtardies, de nouvelles formes apparaissent, comme la quetsche domestique, le tabac blond, le colza, etc.

Après la découverte de Muller en 1927 que les rayons X augmentaient le taux de mutation, beaucoup de phytogénéticiens commencèrent avec enthousiasme, surtout après la Deuxième Guerre mondiale, à transformer des plantes grâce à des taux de mutations artificiellement accrus.

Après qu'ils eurent maîtrisé les méthodes d'hybridation ainsi que les processus de sélection, ils pensèrent pouvoir atteindre de grands succès dans le domaine des transformations génétiques. Des erreurs sur le dosage des taux de mutation, les sensibilités spécifiques des diverses plantes traitées, le traitement des descendants à l'intérieur des espèces soumises à mutation ou la sélection des générations conduisirent d'abord à de véritables échecs. Ce ne fut que la mise sur pied de vrais programmes de recherche, ainsi que la fondation de laboratoires spécialisés, qui menèrent ensuite à des résultats si nombreux que l'on commença à parler de " révolution verte " (cf. p. ex. Sigurbjörnsson, 1971).

Aujourd'hui encore, les opinions en ce qui concerne la transformation mutagénique des plantes continue à varier de l'enthousiasme au scepticisme, voir au refus. Dans beaucoup de cas, des transformations tout d'abord couronnées de succès se révélèrent à l'usage comme spécialement fragiles et sensibles, dépendant pour leur survie de hautes doses d'engrais artificiels, d'insecticides ou de pesticides, ou encore peu résistantes aux conditions climatiques.

Il arrive souvent que de nouveaux mutants se révèlent des succès au niveau du laboratoire, tandis que, dans la bataille naturelle pour la survie, ils se révèlent perdants, car ils ne peuvent perdurer que sous le contrôle et avec l'aide artificiels des bio-ingénieurs ou des agrotechniciens. Ils ne sont pas intégrés de fait dans l'équilibre écologique de la biosphère et il leur manque apparemment le trésor d'expériences biologiques que représente une existence de plusieurs milliers d'années. En bref, ils ne sont pas, à mon sens, ou alors très rarement, apparus à des moments archétypes, ce qui leur enlève toute utilité en rapport avec l'évolution.

Pour comprendre cette forme de pensée, qui tient également compte des données psychiques, il faut expliquer rapidement le concept d'archétype. Jung a reconnu de ce point de vue la spontanéité et l'autonomie de l'inconscient et, s'appuyant sur la constatation que la multitude des images qui provient de l'inconscient peut se répartir selon un nombre relativement restreint de types, il en a conclu à l'existence d'une structure innée de la psyché. Il avance néanmoins que ce ne sont pas les représentations elles-mêmes — qui sont toujours conditionnées par le lieu, le temps et l'individu — mais les facteurs d'organisation qui sont hérités. Ce sont ces *modèles de base* de la psyché que Jung a désignés par le terme d'archétypes.

Les représentations archétypes ne sont certes pas de la sorte des schémas un peu vagues, mais ils réclament au contraire une considération très sérieuse. Il s'agit en fin de compte " de dispositions, de formes et d'idées dans le sens platonicien, inconscientes mais non moins actives, c'est-à-dire vivantes, qui sont présentes dans chaque psyché et qui influencent et préforment leurs pensées et leur action " (Cf. Jung, 1954).

Pour Jung, des événements synchronistiques apparaissent lorsque des archétypes se trouvent profondément impliqués dans une situation vécue. Les archétypes ne sont d'ailleurs pas dans ce sens des " causes " pour les événements synchronistiques, mais structurent les événements objectifs reliés par leur effet de signification et ordonnés plus ou moins simultanément. Ces archétypes se trouvent alors constellés dans la psyché, en même temps que se déclenchent des dynamiques affectives et émotionnelles très fortes [7]. Cette circonstance peut surtout être observée dans des situations de crises très graves, et elle est de ce fait connue de bon nombre de psychothérapeutes.

Si nous transposons ces observations, d'une manière analogique, sur le plan de la phylogenèse, nous pourrons alors dire que des situations archétypes sont effectivement constellées lorsqu'une crise collective et biologique menace de manière instante une ou plusieurs espèces données. Dans ces moments particuliers, les événements synchronistiques doivent s'avérer très nombreux, c'est-à-dire s'opérer de telles mutations ou de telles redistributions de gènes à l'intérieur des populations, qu'elles offrent à l'espèce la possibilité d'un développement supérieur. Nous devons comprendre, il me semble, sous ces événements considérés jusqu'à présent comme fortuits, des phénomènes synchronistiques.

Sans qu'on pense précisément à cette hypothèse, des percées se font actuellement à son sujet, par exemple en paléontologie (cf. Leakey, 1977, Van Lawick-Godall, 1971). C'est au cours du miocène, lorsque l'histoire de la terre fut caractérisée par un changement climatique planétaire et qu'une période de séche-resse induisit la transformation en steppe de la plus grande partie de la ceinture tropicale qui montait autrefois jusqu'en Europe, que se sont produites les étapes déterminantes du développement évolutif chez les ancêtres de l'homme, proba-blement les Ramapithèques, ce qui leur permit de vivre dans le tout nouvel environnement de la savane boisée d'arbres et de buissons. Leurs propres ancêtres, de la famille des dyopithè-ques, vivaient encore comme les primates, particulièrement comme le catharrin arboricole d'aujourd'hui dans la forêt vierge tropicale.

Autant qu'on le sache aujourd'hui, leurs descendants les australopithèques furent tous doués de toutes les dispositions corporelles nécessaires à la position verticale sur deux jambes, connaissance qui repose à présent sur quelques milliers d'ob-jets découverts.

Or, il ne faut pas oublier que ce pas évolutif implique la restructuration du pied, qui était fait pour la préhension et l'escalade, en vue de l'exercice de la marche et de la position verticale ; il implique aussi des transformations déterminantes du complexe du bassin et des jambes, de la colonne vertébrale, de la cage thoracique, de la ceinture scapulaire, de l'ensemble bras-mains, l'adaptation de la forme du crâne aux nouvelles positions corporelles, des changements innombrables dans l'appareil musculaire et dans l'ensemble des tendons, ainsi que des transformations d'organes internes que nous ne pouvons cependant démontrer que de façon indirecte.

Outre les adaptations statiques et dynamiques nécessaires à

la position verticale et à la marche sur deux pieds qui a eu des répercussions morphologiques jusqu'au niveau du plus petit os du squelette, apparaissent en même temps des changements évidents de l'appareil masticatoire, toutes les dents y comprises, ainsi que de la structure du squelette facial. De nouveaux modes de nourriture ainsi que de nouveaux comportements dans sa quête et sa réception, de nouvelles façons de communiquer à l'intérieur de l'espèce, de nouvelles attitudes de fuite ou d'agressivité, de nouveaux rapports sociaux se concrétisent alors dans la modification de la structure et du volume du cerveau.

Chacune de ces évolutions adaptatives, dont nous ne faisons ici qu'indiquer l'importance, n'a cependant de sens que dans un contexte global, c'est-à-dire qui permette la survie réussie de l'espèce. Un pied parfaitement adapté à la marche, la position debout et la découverte de la course auraient mené à un échec et auraient été éliminés si, en même temps, tous les autres organes ne s'étaient adaptés à cette position debout ; cela veut dire que, seul, un changement qui touche à l'ensemble de toutes les structures physiques et psychiques nécessaires à la survie dans un environnement modifié, peut réussir réellement.

On peut dire de la sorte que nos ancêtres humains se trouvèrent lors de la " conquête " de la savane sous l'influence d'une " obligation biologique de succès " imprescriptible, et l'on parle à présent dans les milieux scientifiques du " stress de la savane des premiers australopithèques ", en se rappelant par ailleurs que cette crise fondamentale dans l'histoire du genre humain, qui menaça très gravement la continuité de l'espèce hors de la forêt tropicale, fut aussi bien de nature individuelle que de nature collective.

Il est probable dans ces conditions que des archétypes à ce moment se trouvèrent constellés, par analogie avec ce que l'on sait de ceux-ci, ainsi que de la synchronicité à l'intérieur d'un temps individuel et collectif décelable. A l'opposé, ce pas évolutif essentiel me paraît rester incompréhensible si on ne pose pas l'hypothèse d'événements synchronistiques.

C'est pourquoi, certainement une mutation expérimentale induite en laboratoire ne mène pas au même résultat qu'une mutation " spontanée " dans le contexte d'un environnement naturel, car, dans les conditions du laboratoire, il est bien évident qu'on se trouvera rarement en présence d'archétypes constellés. Aucun événement synchronistique ne se produit dès lors et l'apparition du sens par rapport à l'évolution fait défaut pour ces événements uniques et fortuits.

C'est toujours le phénomène de sens qui relie des événements séparés dans l'expérience synchronistique. Mais la signification est généralement reçue d'une façon subjective, car c'est l'homme qui décide de ce qui est significatif et de ce qui ne l'est pas.

C'est là le mérite de Jung, dans une avancée fondamentale, d'avoir su séparer le facteur signifiant de la synchronicité de la représentation subjective de l'homme, et de l'avoir élevé au niveau d'un principe métaphysique autonome. " La synchronicité présuppose une signification *a priori* en relation avec la conscience humaine, et qui semble exister hors de l'homme " (Jung, 1952). Aniela Jaffé écrit pour sa part : " Dans les cas de synchronicité, il ne s'agit donc pas de données signifiantes subjectives, mais du fait qu'un sens objectif *a priori* devient conscient. Pour être exacte, il est découvert " (1979).

La découverte de Jung, selon ses termes, " d'une connaissance présente *a priori* dans l'inconscient ", va de pair avec l'existence d'un " savoir absolu ". Schopenhauer, qui est le modèle de Jung dans ses travaux sur la synchronicité, parlait déjà d'une " omniscience rêveuse " (d'après Jaffé, 1979). Et encore une fois Jaffé : " Les phénomènes synchronistiques ne sont donc pas seulement à comprendre comme l'intrusion des dimensions a-spatiales et a-temporelles de l'inconscient dans l'espace et le temps, mais aussi comme la manifestation d'une signification *a priori* et d'un savoir absolu ou, comme on pourrait le dire, de la pré-existence de l'être " (1979).

Si un homme isolé se trouve en harmonie avec la pré-existence de " cet être ", c'est-à-dire si un ordre voilé mais unique de l'être et de la matière est découvert par l'homme, il en résulte à la fois une connaissance et une *re*connaissance qui appellent à un sentiment de joie. L'intérieur et l'extérieur, le visible et le caché retrouvent leur connexion, et l'homme expérimente la signification du devenir synchronistique[8].

Les phénomènes de synchronicité doivent être compris de ce fait comme des événements qui ne sont pas seulement enracinés dans le monde matériel mais aussi et autant dans le monde de la psyché. Ils apparaissent en effet quand des archétypes sont constellés, c'est-à-dire quand des modèles de base sont ordonnés dans la psyché objective. Les phénomènes synchronistiques représentent en fin de compte des " sous-moments " particuliers où le rapport entre la matière et la psyché peut être vécu. Monde intérieur et monde extérieur se trouvent au minimum alors dans un rapport d'interprétation que nous expérimentons comme une sorte de reflet mutuel. Von Franz écrit à ce sujet : « ... dans la couche la plus profonde de l'inconscient, la psyché se " sait " elle-même dans le miroir du monde matériel cosmique, et la matière se " sait " à son tour dans le miroir de la psyché objective — mais cette psyché est " absolue " dans ce sens qu'elle est pour nous totalement transcendante à notre conscient. Ce n'est que dans les rares moments où des événements synchronistiques se produisent que nous devenons partiellement ou ponctuellement conscients de cette relation de miroir. » (1978, p. 178). Les mondes intérieur et extérieur se trouvent ici, manifestement, dans une relation permanente de reflet réciproque. Ce qui n'est pas clairement dit, c'est qui reflète qui (Jung, 1952), encore que Jung avance d'autre part que c'est probablement la matière qui reflète les événements psychiques avec autant de constance que la psyché appréhende le monde physique. " On pourrait dire encore que l'événement physique se reflète sous certaines conditions dans le psychique comme l'événement psychique dans le physique " (Jung, *Ibidem*). On comprend maintenant pourquoi la plupart des événements synchronistiques sont fortement numineux et laissent apercevoir une relation directe avec un archétype donné. " Cela signifie que l'archétype est la forme reconnue par l'introspection de ce qui est ordonné de manière *a priori* " (Jung, *ibid.*).

Dans le cas de ces coïncidences signifiantes, l'archétype représente en tant que forme transcendantale un aspect de l'unification *a priori* du monde. Les synchronicités permettent de supposer ainsi une unité de l'être. " La synchronicité consisterait en ce sens en une manifestation double et spontanée de l'être originel ", comme le prétend von Franz (1970), qui écrit plus loin : " La manifestation simultanée des deux domaines (de l'âme et de la matière) à l'intérieur du principe synchronistique est la seule indication empirique de l'unité de l'être que nous connaissons. "

Si on y inclut l'existence des phénomènes synchronistiques, l'évolution " en hauteur " à l'intérieur du processus évolutif général, correspond non seulement à une organisation matérielle de plus en plus haute dans le sens de la complexification des plans de construction, mais aussi, et en même temps, à une plus grande différenciation et, dans le cas de l'homme, à une prise de conscience de plus en plus poussée de la psyché. L'évolution matérielle de la nature animée serait ainsi à comprendre comme un reflet permanent du développement et de la différenciation progressive de la psyché objective.

Le développement vertical s'exprime essentiellement dans le royaume animal par le développement du cerveau et l'extension de ses possibilités, c'est-à-dire une amélioration constante des capacités du système nerveux central. Cet état de fait correspond à la partie naturelle de notre être qui peut être appréhendée par des méthodes scientifiques, ces méthodes se dialectisant en reflets pour ce qui est du développement de la psyché objective.

Si on tient compte de la possibilité d'événements synchronistiques dans l'évolution, le facteur temps n'y joue plus qu'un rôle relativement restreint. Comme dans ce cas, les synchronicités n'apparaissent pas d'autre part de façon permanente ou périodique, ni selon un principe de fluctuations, leur manifestation dépend de chaque situation écologique.

Ainsi deviennent plausibles des temps d'évolution extrêmement différents, et l'existence de temps de pointe dans le processus évolutif (cf. par ex. Schindelwolf, 1950). Des espèces qui ne sont pas, ou peu soumises à une pression évolutive, se comportent de manière plus conservatrice. Chez les espèces soumises au contraire à de fortes pressions de ce genre, et donc confrontées à des situations de crise, un grand nombre de moments archétypaux se constellent et les phénomènes synchronistiques y apparaissent plus fréquemment. Ainsi, pour ce qui est du temps d'évolution, ce n'est plus uniquement comme dans la théorie actuelle le seul phénomène de sélection qui est responsable, mais ce seraient surtout les événements synchronistiques qui étaient jusqu'ici considérés comme de purs phénomènes contingents.

Il faut pointer de plus à ce stade un autre aspect de l'évolution, aspect qu'on trouve inclus dans les concepts de cladogenèse et d'anagenèse par quoi l'on désigne deux modes très différents d'évolution. Par anagenèse, il faut comprendre un développement vertical grâce à la " découverte " d'un " signe " essentiellement nouveau qui fait avancer l'évolution. En ce sens, le développement de l'humanité est une véritable anagenèse (Kuhn-Schnyder, 1971).

La cladogenèse, au contraire, désigne un développement horizontal dans le sens de spécialisations par niches écologiques. Des exemples d'anagenèse consistent dans les cas évolutifs du règne animal de l'eau vers la terre (poissons→ amphibiens→ reptiles), ou encore dans le développement progressif du cerveau et dans son augmentation de volume dans le cours de l'histoire. Les processus anagénétiques se trouvent liés toutefois à des processus de cladogenèse qui aident à la dissémination et à la consolidation des " découvertes " opérées de la sorte. Après l'énorme pas évolutif qu'a représenté le passage de la vie aquatique à la vie terrestre, il y eut ainsi formation d'un grand nombre d'espèces, de familles et de groupement d'amphibies, de reptiles et plus tard d'oiseaux et de mammifères, pourvus de cette faculté nouvelle de pouvoir vivre soit totalement, soit partiellement indépendants de l'eau, et qui occupèrent des niches écologiques différentes et se développèrent en conséquence. La cladogenèse correspond à un état d'équilibre biologique, ou du moins à la consolidation croissante de cet état. C'est à elle que semble correspondre l'aspect cyclique et éternel de la nature. En revanche, l'anagenèse représente l'aspect linéaire, directionnel et fini de l'évolution, qui force la nature à de nouveaux déséquilibres dynamiques.

Au niveau de l'ADN, l'aspect cyclique correspond à l'autoduplication de la spirale double, largement identique à elle-même et sans cesse recommencée, tandis que l'aspect dynamique du reclassement synchronistique serait créateur de la substance modifiée dans son héritage, qui signifie déséquilibre et anagenèse. Ainsi se complémentariseraient dans l'évolution les deux principes opposés de la conservation et de l'ouverture vers l'avenir, de l'éternité des cycles, et de la finitude linéaire.

Du principe de repos circulaire, conservateur et féminin, sort le principe dynamique, libre et masculin, dans le sens d'une véritable création qui permet au hasard de se révéler comme la réalité qui sommeillait jusqu'alors dans la matière et y était cachée en tant que possibilité. De cette relation des opposés émane alors un *tout* qui rend possible le destin de l'individu aussi bien que l'existence de la nature comme globalité.

Nous approchons ainsi, d'une certaine manière, et de façon analogique, de la conception de Platon, quand nous parlons des plans de construction des êtres animés. Mais son image des reflets était partielle et statique : les plans de construction sont en effet des représentations des idées qui se trouvent dans l'au-delà et qui sont immuables. Elles correspondent à la partie psychique de l'" unus mundus " et représentent dans l'inconscient l'un des aspects du savoir absolu.

Par opposition, nous avons vu qu'Aristote posait comme postulat l'existence primaire des formes d'apparition des animaux et des plantes. Il pensait que ce ne pouvait être que de ces formes que les idées au sens platonicien, pouvaient être dérivées. Il s'agit là au contraire de la partie matérielle du même " unus mundus ".

Notre conception, on le constate, est transparente et dynamique dans les deux directions. Le monde psychique et le monde matériel y sont deux reflets opposés qui sont en relation directe l'un avec l'autre : s'ils se présentent à nous comme deux aspects que l'on doit différencier par principe, ils sont pourtant au plus profond d'eux-mêmes les parties d'un tout cosmique. La compréhension de cet " unus mundus " ne nous est pas permise au niveau de notre structure consciente. Nous ne sommes en fait en mesure que d'en reconnaître deux figures essentiellement différentes en tant que des modèles qui reflètent l'être unique. Les synchronicités représentent alors les rares moments où nous rencontrons cette unité cosmique et la contradiction historique entre Platon et Aristote, contradiction qu'on n'avait jusqu'ici jamais pu dépasser, au sujet de l'existence primaire des événements matériels, peut être dès lors être résolue dans cette perspective particulière.

En suivant ce point de vue, les structures qui sont reconnues dans la nature animée comme des adaptations fonctionnelles, sont des exemples d'événements synchronistiques au niveau moléculaire ou au niveau génétique. Leur existence même est l'expression de la synchronicité comme principe de rapports a-causaux. Suivant Jung (1952), ils représentent des " actes de création dans le temps " et sont à l'origine de l'évolution.

Ils disposent de la sorte d'un effet de détermination qui est inclus dans le temps. Ce déterminisme n'est cependant pas absolu. Il se limite à l'instant de la constellation de l'archétype et apporte avec lui une possibilité de progression Cela signifie une finalité facultative qu'appelle la situation donnée, et qui, limitée dans le temps, est reliée dans l'inconscient avec le savoir *a priori*.

Hasard *ou* nécessité : telle était l'alternative où s'était placé Darwin. Hasard *et* nécessité, avec domination significative du hasard à la racine du processus évolutif : tel était le postulat de Monod. Hasard en tant que phénomène synchronistique dans le sens de Jung, c'est-à-dire en tant que moteur de l'évolution, et nécessité qui en découle dans le sens causal, déterministe et mécaniste qu'y donne Monod, telle est la synthèse que je tente de développer ici comme un modèle pour comprendre le processus d'évolution dans la nature.

Dans cette façon de voir, l'évolution même de la vie est l'expression naturelle du tâtonnement continu où pointe l' " unus mundus ". Les synchronicités comme formes d'expression de moments archétypaux s'y substituent aux hasards couronnés de succès du modèle néo-darwiniste. Il faut d'ailleurs noter que ce modèle néo-darwiniste y conserve toute sa valeur, puisque l'évolution s'y présente comme un aspect partiel de l'image supérieure du monde, cependant que l'évolution de la nature animée comme manifestation naturelle d'une série de synchronicités qui apparaissent de façon irrégulière à des moments archétypaux, y devient une indication empirique de l'unité transcendantale de l'être.

CONCLUSION

Il a été amplement prouvé, dans le cas d'organismes récents, qu'entre les formes et les structures des organes d'un côté, et leurs fonctions spécifiques de l'autre, il existe des relations des plus étroites. Suivant les présuppositions scientifiques, ces relations sont considérées comme causales.

Selon les nouvelles découvertes en biologie moléculaire, on a édifié la base de la théorie néo-darwiniste de l'évolution, les erreurs contingentes de transcription de la double hélice d'ADN étant porteuses des informations génétiques. Ces erreurs de traduction au moment de l'autoreduplication, nous les appelons des mutations.

En outre, le hasard joue un rôle important dans la distribution des gènes à l'intérieur d'une population, par exemple dans les phénomènes de dérive ou d'isolation ou dans la recombinaison des gènes lors de la division cellulaire et la continuité sexuelle. Seule la sélection, qui a été posée par Charles Darwin lui-même comme un postulat, représente dans cette vue un facteur adapté. Certains biologistes modernes en déduisent que " l'homme est uniquement le produit d'erreurs et de statistiques ".

Au niveau des événements de la biologie moléculaire, ainsi que lors des divisions génétiques à l'intérieur des populations, le hasard seul détermine donc l'évolution. Le hasard néanmoins n'est pas un facteur d'ordre, mais il augmente l'entropie d'un système. Or, l'évolution biologique implique pourtant l'idée d'un ordre de plus en plus complexe à l'intérieur de la nature animée, et ce dans le sens d'un développement vertical.

Un autre paradoxe biologique provient du facteur temps. Ou bien les mutations nécessaires à un pas évolutif se produisent dans un laps de temps géologique court, ce qui ne coïncide pas avec le caractère contingent des mutations — ou bien les formes intermédiaires moins adaptées sont sélectionnées avec un grand taux de détermination pendant un laps de temps géologique plus long, et cela en vue d'un but, à savoir les nouvelles formes d'adaptation — mais la coïncidence n'existe plus à ce moment avec le principe darwiniste du choix de plus grande utilité.

Pauli faisait déjà valoir des réserves essentielles quant au modèle d'évolution darwiniste car, en rapport avec le temps disponible, aucune théorie probabiliste ne peut en soutenir le modèle, alors que, à l'inverse, cette théorie à elle seule met en question le modèle où le hasard est moteur.

On trouve en fait derrière des concepts souvent utilisés comme ceux d' " adaptation fonctionnelle " ou d' " adaptation phylogénétique ", un ensemble de relations très complexes d'événements contingents et multiples qui, vus dans l'optique du néo-darwinisme, mènent à des résultats théoriques paradoxaux. Nous nous trouvons ainsi aux limites de nos possibilités de comprendre, à l'aide de nos modèles courants de pensée scientifique, le processus de l'évolution.

Jung (1959) d'abord, Pauli (1961) ensuite, proposèrent donc de voir dans l'évolution l'œuvre de facteurs synchronistiques. Je suis aujourd'hui persuadé qu'en ce qui concerne tous les facteurs contingents tels que mutations, dérivation, isolation, etc., qui font avancer l'évolution, il s'agit bien de phénomènes synchronistiques dans le sens indiqué par Jung. La signification qui relie ces événements aléatoires se trouve alors dans la possibilité qu'a la nature animée de se développer.

Les synchronicités apparaissent quand des archétypes sont constellés. Ceux-ci s'enracinent aussi bien dans le monde matériel que psychique. Les phénomènes synchronistiques se manifestent dans les rares moments où la relation entre la psyché et la matière peut être vécue par nous. C'est ainsi que l'évolution et son produit final momentané apparaissent, la nature actuelle ne se présentant plus seulement pour nous comme un phénomène " matérialiste ". La réalité de l'évolution en tant que manifestation de synchronicités continuelles, mais apparaissant de façon irrégulière, devient dans une telle perspective une indication empirique de l'unité de l'être.

La contradiction historique entre Aristote et Platon au sujet de l'existence primaire de la nature observable peut sans doute se résoudre de la sorte. En ce sens, l'évolution de la nature animée est l'expression matérelle du tâtonnement continu de l' " unus mundus ". Cela signifie à chaque fois une finalité constellée par la situation, limitée dans le temps et d'expression aléatoire, quoique reliée dans l'inconscient avec le savoir *a priori*.

Les synchronicités se produiraient alors dans le modèle d'évolution néo-darwiniste quand des hasards se manifestent qui permettent une progression dans la nature, comme lors de mutations, d'isolations ou d'éliminations de gènes réussis. Il faut d'ailleurs relever que ce modèle néo-darwiniste de l'évolution conserve toute sa valeur dans la théorie proposée en tant qu'il y représenterait l'aspect matériel du devenir hiérarchisé de l' " unus mundus ".

REMARQUES

1. En qualité d'assistant d'anthropologie à l'université de Zürich, je m'occupais autrefois des problèmes des fonctions liées aux formes, particulièrement sur l'organisme des primates. Ces concepts et le résultat de leur étude expérimentale consignés dans cette étude, résultent d'une enquête dans laquelle j'appliquais les problèmes des fonctions liées aux formes à la morphologie des épaules des primates. Dans le dernier chapitre de cette étude, je me vis contraint de discuter, en première approximation, du rôle possible de la synchronicité dans l'évolution. (Etter, 1972, 1973 1974a, 1974b, 1980).

2. Ernst Hadorn ajoute que sur une population de drosophiles (mouches à vinaigre) soumise à des rayonnements produisant des mutations, 53 % des individus subissent des effets mortels, 19 % des effets semi-mortels (la moitié des insectes soumis aux rayonnements meurt), 27 % voient leurs facultés diminuées et seulement 1 % survit. Il précise en outre que " l'accroissement du taux de mutation n'est pas seul responsable des 99 % de mutations manquées " et il ajoute plus loin : " dans notre ère technique nous ne pouvons écarter de ce fait l'existence d'un autre agent jusqu'ici inconnu. Nous devons donc préserver des mutations l'hérédité génétique de nos enfants, mais aussi celle des générations à venir " (1968, page 107).

3. Il en est de même du big-bang. Nous sommes informés avec précision sur les trois premières minutes et demi après le big-bang ; en revanche, nous n'avons encore aucune notion de ce qui a pu arriver durant les premiers milliardièmes de secondes.

4. Heitler écrit en 1970 : " Nous devrions cesser de présenter comme une vision du monde achevée ce modèle dénué de signification, quantitatif et totalement déterministe, qui est représenté aujourd'hui comme le résultat de l'étude de la nature ", et plus loin, il avance " qu'un principe spirituel doit exister en dehors de l'homme " (p. 61), car " ... ce n'est pas sur le hasard pur que repose l'évolution " (p. 60).

5. Ce qui s'exprime textuellement par (Jung, 1952. p. 26) : " la synchronicité réside dans la coïncidence temporelle de deux ou plusieurs événements qui n'ont pas de rapports causals entre eux, événements dont la signification est semblable ou apparentée. Ceci par opposition au synchronisme, qui représente la simple simultanéité de deux événements ".

6. Le concept d'un savoir absolu dans l'inconscient apparut dès 1934 dans une lettre adressée à Wolfgang Pauli (citation d'après Jaffé, 1979). En 1951, Jung tint une conférence à la session d'Eranos à Ascona : " De la synchronicité " et en 1952 parut l'ouvrage : " Interprétation de la nature et psyché " qui réunissait l'étude définitive de Jung sur la synchronicité et une contribution de Wolfgang Pauli sur le cas de Kepler.

7. Le fait que les synchronicités se manifestent à nos yeux comme liées à une expérience numineuse vécue, a conduit Weber (en 1967) à mettre sur le même plan la synchronicité et la causalité selon les différentes fonctions de la conscience, à savoir la causalité selon la sensation et la pensée, la synchronicité selon l'intuition et le sentiment — au sens de la typologie de Jung. Conformément à ce point de vue, ces deux principes ne s'excluent pas mais se complètent. L'aménagement préconisé par Weber explique, du moins en partie, la difficulté d'argumenter sur la synchronicité à partir du langage des sciences naturelles, où seuls sont en usage les concepts en rapport avec la pensée et la sensation.

8. Alors que la présente étude en était à sa première ébauche et établissait que le rôle de la synchronicité dans l'évolution pouvait faire l'objet de discussion, je faisais les rêves suivants :

12-4-80 :

Sur le sommet d'une colline de Toscane, au milieu de champs de blé mûr et de vignobles, j'étais assis avec quatre autres personnes, après avoir dû me mesurer à trois jeunes et excellents escrimeurs, que j'égalais en force. Dans le ciel était écrit : *c'est cela la synchronicité.*

14-5-80 :

Sortant de la bibliothèque d'un monastère, où un physicien était encore au travail, nous montâmes au sommet du bâtiment. Celui-ci était isolé et surplombait une vaste plaine. Je constituai un immense cube de roches rouges et le lançai avec une impulsion puissante dans la plaine qu'il traversa en faisant des bonds géants. Je montrai aux enfants qui m'entouraient la nouvelle étoile qui apparaissait alors dans le ciel.

29-5-80 :

Comme preuve de ma victoire, avec un ami et depuis le château Saint-Ange sur le sommet duquel nous sommes assis, je me propulse de Rome à Londres dans la Chambre du Parlement, où nous présentons au roi d'Angleterre le signe de la victoire, avec l'intention de le rapporter plus tard.

9. Amiela Jaffé écrit en 1979 : " Certains schémas formels, qui apparaissent tant dans la nature que dans le psychisme, correspondent à des analogies plus étranges, car ne relevant pas de la même synchronicité. Citons comme exemple la spirale, que l'on trouve partout dans le cosmos : dans le modèle de l'ADN en ce qui concerne les informations génétiques, dans les micro-organismes et jusqu'aux galaxies ; mais elle apparaît également comme image autonome dans les rêves et les visions et elle est l'objet, depuis les temps les plus reculés, de représentations artistiques, la plupart du temps de nature sacrée. La spirale est un symbole antique de la mort et de la renaissance. Qu'il serait beau de pouvoir en conclure que le maître d'œuvre transcendental a marqué la création de cette empreinte ! " (p. 76).

M. Schonenberger (en 1977) a en outre mis en évidence des similitudes étonnantes entre le code ADN avec ses 64 " mots-code " et le I-Ching avec ses 64 signes. Il interprète le signe de la clé du monde dans le I-Ching comme le schéma de base de la spirale analogue de l'ADN, et propose de penser que la " formule du monde " se donnerait à voir dans chacun des deux schémas.

BIBLIOGRAPHIE

Aristote : Œuvres complètes, Edition les Belles Lettres, Paris.

Bolliger, W. : Die Vergleichbarkeit der Struktur energetischer Abläufe in Psychologie und Biochemie. Diplomarbeit am C. G. Jung-Institut. Küsnacht, 1978.

Capra, F. : Le Tao de la Physique, Paris, 1979.

Darwin, Ch. : Die Entstehung der Arten durch natürliche Zuchtwahl. Stuttgart, 1870.

Dayhoff, M. O. : Computer analysis of protein evolution. Scientific American 221 (1969).

Etter, HE. : Die Hand des Menschen. Bull. Schweiz. Ges. Anthrop. Ethnol. 48 (1972).

— Terrestrial adaptations in the hands of cercopithecinae. Folia primat. 20 (1973).

— Morphologisch-und-metrisch-vergleichende Untersuchung am Handskelett rezenter Primaten. Morph. Jb. 120 (1974).

— Proportionen am Rumpfskelett der Primaten. Arch. Suisse d'Anthrop. gén. 38 (1974).

— Zur entwicklungsgeschichtlichen Bedeutung von Form-Funktionsproblemen am Beispiel des Schulter-blattes höherer Primaten. Unpubl. Manuskript. Zürich, 1980.

Fierz, R. : Naturerklärung und Psyche, ein Kommentar zu dem Buch von C. G. Jung und W. Pauli. Analyt. Psych. 10 (1979).

Franz, M.-L. von : Der Traum des Descartes. In : H. Jacobson, M.-L. von Franz, S. Hurwitz, Zeitlose Dokumente der Seele. Winterthur, 1952.

— Spiegelungen der Seele. Stuttgart, 1978.

— Nombre et temps, la Fontaine de Pierre, Paris, 1978.

Frey-Wehrlin, C. T. : Ueberlegungen zu C. G. Jungs Begriff der Synchronizität. Analyt. Psych. 7 (1976).

Hadorn, E. : Probleme der Vererbung. Basel, 1968.

Hediger, H. : Tiere sorgen vor. Zürich, 1973.

— Heiliges für den Biologen ? 4. Engadiner Kollegium. Zürich, 1974.

Heitler, W. : Der Mensch und die naturwissenschaftliche Erkenntnis. Braunschweig, 1970.

Jaffé, A. : Synchronizität und Kausalität. Eranos-Jahrbuch 42. Zürich, 1973.

— Aus C. G. Jungs Welt. Zürich, 1979.

I-Ching, le Livre des Transformations, trad. Etienne Perrot d'après R. Wilhelm, Librairie de Médicis, Paris.

Isler, G. : Die Sennenpuppe. Basel, 1971.

Jung, C. G. : Synchronizität als ein Prinzip akausaler Zusammenhänge. In : C. G. Jung und W. Pauli, Naturerklärung und Psyche. Zürich, 1952.

— Ueber Synchronizität. Eranos-Jahrbuch 20. Zürich, 1952.

— Les racines de la conscience, Buchet-Chastel.

— Types psychologiques, Georg et Cᵢᵉ (Genève) 1960.

— Ma vie, rêves, souvenirs, pensées, recueillis par A. Jaffé, Gallimard.

Kimura, M. : Die « neutrale » Theorie der molekularen Evolution. Spektrum der Wissenschaft, 1980.

Kuhn-Schnyer, E. : Die Evolution des Menschen in paläonthologischer Sicht. Acta Teillhardiana, Supl. II. München, 1971.

Kummer, W. : Bauprinzipien des Säugetierskelettes. Stuttgart, 1959.

— Funktioneller Bau und funktionelle Anpassung der Knochen. Anat. Anz. 110 (1962).

Lawick, J. van : Wilde Schimpansen. Hamburg, 1971.

Leakey, R. : Origins. New York, 1977.

Lorenz, K. : Vergleichende Verhaltensforschung. New York, 1978.

Monod, J. : Le Hasard et la nécessité, Le Seuil.

Osche, G. : Darwinismus heute. Vortrag an der Universität Zürich, 1980.

Pauli, W. : Aufsätze und Vorträge über Physik und Erkenntnistheorie. Braunschweig, 1961.

Voir aussi à C. G. Jung, Synchronizität.

Pauwels, F. : Gesammelte Abhandlungen zur funktionellen Anatomie des Bewegungsapparates. Berlin, 1965.

Platon : Œuvres complètes, Editions les Belles Lettres.

Portmann, A. : Probleme des Lebens. Basel, 1949.

Roux, W. : Gesammelte Abhandlungen über Entwicklungsmechanismen der Organismen. Leipzig, 1895.

Schindelwolf, C. A. : Der Zeitfaktor in der Geologie und Paläontologie. Stuttgart, 1950.

Schönenberger, M. : Verborgener Schlüssel zum Leben. Weltformel I Ging im genetischen Code. Frankfurt, 1977.

Sigurbjörnsson, B. : Induced mutations in plants. Scientific American 225 (1971).

Teillhard de Chardin, P. : Le phénomène humain, Le Seuil.

Thürkauf, M. : Gedanken zum Erkenntnisbereich der modernen Naturwissenschaften. NZZ 233 (1976).

— Wissenschaft und moralische Verantwortung. Zürich, 1979.
Uexküll, J. J. von : Theoretische Biologie. Berlin, 1928.
Weber, R. : Ueber Synchronizität. Diplomarbeit am C. G. Jung-Institut. Küsnacht, 1967.
Wille, B. : Darwins Weltanschauung. Heilbronn, 1906.

QUELQUES RÉFLEXIONS
SUR LA SYNCHRONICITÉ

par Marie-Louise von Franz

Depuis le commencement de notre siècle, le courant des recherches en physique et dans la psychologie des profondeurs de Jung ont de plus en plus convergé sans qu'il y ait eu (du moins pendant longtemps) un échange d'opinions. Ce fut plutôt *l'objet* des deux sciences : le monde atomique et subatomique d'une part et la " psyché objective " (c'est-à-dire l'inconscient collectif[1]) de l'autre, qui imposa aux chercheurs la nécessité de créer des hypothèses semblables. Je cite les plus importantes :

1. *Configurations énergétiques*

Les physiciens ne cherchent plus aujourd'hui à trouver dans la matière des *building blocks* (briques fondamentales), mais à comprendre ces derniers comme les configurations éphémères d'une énergie universelle. De même, Jung a observé que les dernières " entités " observables dans la psyché objective, les archétypes, ne semblent pas être des structures statiques, mais plutôt des systèmes d'énergie psychique ou un " mode de

---

1. Jung appelle la dimension psychique collective : inconscient collectif ou psyché objective. Je préfère dans mon contexte la dernière expression parce qu'elle implique qu'il s'agit d'une réalité indépendante (non-subjective), dans le sens que donne B. d'Espagnat à ce terme (cf. *A la Recherche du réel*, Gauthiers-Villars, Paris 1979).

relations diverses énergétiques[2] ", des manifestations d'une énergie psychique générale[3].

2. *Indivisibilité du Tout*

La notion de complémentarité que Niels Bohr a introduite pour mieux expliquer la relation paradoxale entre l'oncle et la particule, peut aussi être appliquée à la relation des états conscient ou inconscient d'un contenu psychique. Jung a découvert ce fait, mais il a surtout été élaboré par Wolfgang Pauli[4]. Bernard d'Espagnat a relevé que la non-séparabilité dans le monde particulaire, prouvée par l'expérimentation scientifique (suggérée par le paradoxe d'Einstein-Podolski-Rosen) confirme l'idée de Bohr d'une " indivisibilité du Tout "[5] : des particules qui ont été unies puis qui se sont séparées, se comportent comme si l'une " savait " ce qu'est l'état de l'autre, même à très grande distance, ce qui semble exclure l'idée d'une interaction. Même si on admettait d'ailleurs la possibilité d'une interaction superluminale (ce qui est souvent discuté), il resterait, comme le souligne d'Espagnat, le fait d'une indivisibilité du Tout.

Jung a constaté de même que la dimension totale de la psyché objective est ultimement *une; il appelle cet aspect unitaire de la psyché : le *Soi*[6].

3. *Causalité*

Dans la mécanique et la théorie quantique (et en particulier dans la théorie de la matrice S), la notion de causalité se trouve

2. Cf. Paul Kugler, *Remarques sur les Rapports de la Théorie des Archétypes et du Structuralisme*, Cahiers de Psychologie Jungienne, n° 29, 1981. Pour la physique voir F. Capra, *le Tao de la Physique*, Tchou, 1979, et Gary Zukav, *la Danse des éléments*, Laffont, 1982.

3. Cf. C. G. Jung, *Collected Works*, vol. 8, p. 3-67.

4. Cf. W. Pauli, *Aufsätze und Vorträge über Physik und Erkenntnistheorie*, Vieweg, Braunschweig, 1961, p. 92.

5. D'Espagnat, l.c., p. 40 sq & 45 et p. 19.

6. Cf. *Mysterium Conjunctionis*, Albin Michel, Paris, 1980-82, par. 662. Cet aspect unitaire de la psyché objective se manifeste par les symboles du mandala ou de l'homme cosmique (*Purusha-Atman, Anthropos* gnostique, *Pan-ku* Chinois, etc.).

très relativisée par rapport à sa conception traditionnelle : elle est réduite à une probabilité statistique[8]. Ce qui est toutefois encore plus important, c'est qu'on a découvert des phénomènes qui se refusent complètement à une explication causale. Je les cite ici en renvoyant pour les détails à l'excellent article de Hubert Reeves : *Incursion dans le monde acausal*[9]. Il s'agit de la loi de la demi-vie dans la décomposition radioactive, du paradoxe d'Einstein Podolski-Rosen que j'ai déjà mentionné, du problème du pendule de Foucault et de la « lueur fossile » des débuts de l'univers qui a été récemment observée par les astrophysiciens. Tous ces phénomènes ne peuvent pas être expliqués par une cause convenable, ils semblent plutôt manifester un ordre global et *a priori* du Tout cosmique.

Jung a été poussé pour sa part à postuler une unité ultime de la psyché objective et à poser l'existence d'un ordre global de cette unité. Quoiqu'il existe des structures archétypiques relativement séparables, elles se trouvent toutes dans un état de contamination (*overlapping*) et interdépendantes les unes des autres[10], formant ainsi un seul ordre total et acausal. Un autre aspect d'un ordre total acausal dans le monde psychique est, comme l'a encore relevé Jung[11], la donnée mentale immédiate de l'existence des nombres positifs entiers, avec toutes les particularités individuelles qui s'y attachent et qui n'admettent pas, elles non plus, d'explication causale[12].

4. *Prédilection pour les structures quaternaires*

Le " monde " d'Einstein-Minkowski possède une structure quadridimensionnelle. La physique moderne croit pouvoir distinguer quatre forces fondamentales dans l'univers[13]. Jung a

---

8. Cf. Paul Dirac : *Grundprobleme der Physik*, Vortrag gehalten auf der Nobelpreisträger-Tagung in Lindau 1971. Je dois la connaissance de cet article à l'amabilité du Dr Hermann Strobel.

9. Cf. dans le même livre, p. 11 à 19.

10. Cf. M.-L. von Franz, *Nombre et temps*, La Fontaine de Pierre, Paris, 1978, p. 154.

11. *Synchronicité et Paracelsica*, par. 965, Editions Albin Michel.

12. Cf. plus longuement sur ce point, *infra*, p. 171.

13. Cf. von Franz, *Nombre et temps*, l.c., p. 126 : forces nucléaires, électromagnétique, interaction faible et gravitation.

indépendamment observé que les mandalas, qui sont des symboles du « Tout psychique », ont, quand ils sont normaux, une structure quaternaire. Notre champ de conscience se fonde d'autre part sur quatre fonctions fondamentales : la pensée, l'intuition, la sensation (fonction de perception) et le sentiment (fonction d'évaluation). Toute réalisation consciente complète s'accomplit par la coopération de ces quatre fonctions.

5. *La relativité de la dimension spatio-temporelle*

Dans le monde des particules, la dimension de l'espace devient un problème car, dans l'expérience suggérée par le paradoxe d'Einstein-Podolski-Rosen, " les objets, même s'ils occupent des régions de l'espace très éloignées l'une de l'autre ne sont pas vraiment séparés "[14]. De même que, lors de certains incidents synchronistiques[15] (surtout dans les cas de télépathie), l'espace semble disparaître.

Le Temps est aujourd'hui aussi devenu un problème[16]. David Bohm et d'autres relèvent que le Temps ne peut plus être représenté par un simple vecteur[17]. D'après Bohm, un électron par exemple est un groupe (*set*) d'ensembles impliqués[18] et ce n'est qu'à certains instants qu'il se manifeste comme localisé — ce qui inclut qu'il n'existe pas de temps linéaire[19]. Bohm propose de concevoir le Temps comme multidimensionnel et pense qu'il consisterait en " occasions actuelles " plutôt qu'en un continuum[20]. Il posséderait en outre un aspect qualitatif et créateur[21]. L'ordre impliqué ou involué de l'univers se situerait au contraire en dehors du temps, " mais il est présent en chaque instant ".

14. D'Espagnat, l.c., p. 49.
15. Cf. *infra*, p. 165 et 166.
16. Voir les " zig-zag de Feynman ", cf. O. Costa de Beauregard " *Cosmos et Conscience* ", dans *Science et Conscience*, Stock 1980, Colloque de Cordoue, p. 68 et al.
17. Prigogine propose de le remplacer par un opérateur, dans *La nouvelle Alliance*, Gallimard, Paris, 1979, p. 256.
18. Pour ce terme, voir infra, p. 166 et 167.
19. *Wholeness and implicate order*, Londres, 1980, p. 183.
20. *Ibid.*, p. 212.
21. *Ibid.*, p. 254.

Parallèlement, Jung a relevé que la psyché objective semble exister elle aussi partiellement au-delà de la dimension spatio-temporelle[22]. Les incidents synchronistiques (exposés *infra*) sont en fait, comme l'a relevé Michel Cazenave[23], des irruptions d'un Non-Temps dans le Temps. Comme je l'ai démontré ailleurs[24], dans toutes ses images mystiques, le Temps est conçu comme une émanation ou création du Soi, c'est-à-dire du Tout Global de l'Etre.

Du fait de l'émergence de toutes ces analogies surprenantes, il devient vraisemblablement probable que la dimension de la matière universelle et celle de la psyché objective puissent être une. J'ai pourtant surtout relevé jusqu'ici des *analogies* et non pas des identités dans les découvertes des deux sciences. Ce n'est qu'avec la création de l'hypothèse de la Synchronicité, fondée sur l'observation d'innombrables incidents synchronistiques, que s'impose l'idée que les deux mondes de la matière et de la psyché pourraient être plus que deux dimensions à lois semblables, mais pourraient former un *Tout psycho-physique*. Cela veut dire que le physicien et le psychologue observeraient en fait un même monde par deux canaux (*channels*) différents. Ce monde se présenterait, si on l'observe de l'extérieur, comme " matériel ", et si on l'observe par introspection, comme " psychique ". En lui-même, il ne serait probablement ni psychique ni matériel, mais tout à fait transcendant[25].

Par incident synchronistique, Jung entend la coïncidence signifiante[26] d'un événement matériel extérieur avec l'émergence d'un symbole intérieur, ou événement psychique, ces deux événements n'ayant aucune relation causale entre eux, ou même de connexion causale concevable[27]. Les deux événe-

22. *Synchronicité...*, par. 948. Cf. aussi *Correspondance*, tome 3, Editions Albin Michel.

23. Cf. dans le même livre, p. 21 à 68.

24. *Nombre et temps*, La Fontaine de Pierre, 1978.

25. Cf. Jung, *Mysterium conjunctiomis*, l.c., par. 663, 759, 767.

26. Il ne s'agit pas forcément d'une coïncidence synchrone, c'est-à-dire d'une exactitude à la seconde, ou même d'une ou deux heures.

27. *Synchronicité...*, *op. cit.*

ments sont uniquement liés par leur sens commun. Comme
toute observation de faits extérieurs est aussi un événement
psychique, Jung précise : " *Les événements synchronistiques
reposent sur la simultanéité des deux états psychiques différents.*
L'un est le normal, le probable (c'est-à-dire susceptible d'une
explication causale suffisante) et l'autre, l'état qui ne peut être
déduit du premier d'une façon causale, c'est-à-dire l'événement critique... Les choses se passent comme s'il s'agissait
d'une ESP spatio-temporelle, d'une simultanéité de l'état
normal ou habituel avec un autre état ou une autre expérience
ne pouvant être déduits d'une façon causale, dont l'objectivité
ne peut la plupart du temps être vérifiée qu'*a posteriori*... ils
sont vécus dans le présent comme images psychiques, comme
si l'événement extérieur objectif coïncidait avec l'état psychique habituel. C'est ce phénomène que je dénomme synchronicité et je suis d'avis qu'il s'agit exactement de la même
catégorie d'événements, même si leur objectivité apparaît
comme séparée de ma conscience dans l'espace ou le temps. "

Cette coïncidence signifiante d'événements psychiques
(visions ou rêves d'un événement symbolique), avec l'aperception d'événements " extérieurs ou matériels ", révèle dans un
instant ponctuel dans le temps, une unité de la matière et de la
psyché. Ces phénomènes sont sporadiques et irréguliers et
semblent, à ce que nous savons, ne se manifester que quand un
archétype est constellé dans l'inconscient collectif. En opposition à Jung, le Dr C. A. Meier a postulé que la connexion de la
psyché avec le corps pourrait être un phénomène synchronistique régulier, et Michel Cazenave mentionne dans son article les
découvertes nouvelles des psychopharmacologies, qui semblent démontrer une relation intime entre l'âme et le corps[28].

Pour moi, ces relations me semblent plutôt pointer vers une
relation causale, une *interaction* entre psyché et matière. Seuls
les processus de guérisons " miraculeuses " qui ne peuvent être
prédites, pourraient à mon avis être compris comme des
incidents synchronistiques. Les faits que relève Cazenave me
semblent plutôt confirmer une autre hypothèse de Jung, qu'il a
avancée en 1952 dans une lettre adressée à Raymond

28. Cf. Cazenave, l.c., *passim.*

Smythies[29]. Smythies avait souligné qu'il croyait à l'existence d'un *subtle body* (corps subtil), qui serait placé entre le corps et la psyché consciente. Jung répond : " J'apprécie votre idée d'un *subtle body* perceptuel. Je trouve une confirmation de cette idée dans le fait curieux que notre conscience ne possède que si peu d'information directe sur notre corps vu de l'intérieur, et aussi que notre inconscient (rêves et autres produits inconscients) se réfèrent très rarement à notre corps ou seulement d'une façon symbolique et indirecte. J'ai considéré longtemps ceci comme une preuve négative contre l'existence d'un *subtle body* — une lacune étrange entre le corps et l'âme. Ceci demande une explication... "

Jung mentionne alors la relativité du Temps et de l'Espace dans les phénomènes ESP, et continue : « Le comportement arbitraire du temps et de l'espace dans l'ESP nous force à postuler une hypothèse. Ne devrions-nous pas quitter tout à fait les catégories spatio-temporelles quand il s'agit de la psyché ? Peut-être devrions-nous définir la psyché comme une *intensité sans étendue* et non point comme un corps qui se meut dans le temps ?

On pourrait penser que la psyché se transforme graduellement d'une extension minimale à une intensité non-étendue, assumant une fréquence supraluminale et rendant ainsi le corps *irréel (thus irrealizing the body)*... Vous protesterez contre le paradoxe d'une " intensité non-étendue " comme étant une *contradictio in adiecto*. Je suis d'accord : l'Energie est masse et la masse est extension. En tout cas, un corps qui se meut avec une vitesse supraluminale est inobservable... ainsi que son " temps " aussi.

Cette idée est très spéculative et d'une audace inexcusable. Mais les phénomènes PSI sont aussi décourageants et demandent un saut de pensée élevé. Cependant, chaque hypothèse est acceptable si elle explique des faits observables et si elle est consistante en elle-même. Dans cette perspective, le cerveau pourrait être considéré comme un transformateur d'énergie, dans lequel la tension ou intensité infinie de la psyché serait transformée dans des fréquences perceptibles et en " éten-

---

29. *Correspondance*, tome 3, Albin Michel. Voir aussi Cazenave, l.c.

dues ". D'autre part, le manque de perception introspective de notre corps serait explicable par une " psychification " graduelle, c'est-à-dire par une intensification " de l'énergie " au détriment de l'extension. Psyché = intensité maximale dans un espace minimal. »

Cette idée d'une unité ultime de l'énergie physique et de l'énergie psychique, qui se distingueraient seulement par leurs fréquences ou leurs intensités, pourrait très bien expliquer les relations psychosomatiques que relève Cazenave, mais ces dernières seraient alors de l'ordre d'une *interaction* et ne représenteraient pas des événements synchronistiques. Seules les coïncidences sporadiques qui n'admettent pas une explication causale, comme les guérisons " miraculeuses ", me semblent appartenir à la dimension de la Synchronicité.

L'existence possible d'un corps intermédiaire ou *subtle body* se laisse aussi très bien appréhender dans le terme de " psychoïde " dont Jung se sert pour caractériser le fait que les archétypes de la psyché objective semblent parfois faire transgression dans le domaine de la matière [30]. Les archétypes sont indistincts et ne sont qu'approximativement perceptibles et définissables. « Sans doute ils accompagnent les " processus causaux ", c'est-à-dire qu'ils sont " portés " par ceux-ci, mais ils en dépassent en quelque sorte le cadre d'une manière que je qualifierais de *transgressivité* en tant qu'*ils ne sont pas nettement et exclusivement constatés dans le domaine psychique seul, mais peuvent aussi bien apparaître dans des circonstances non-psychiques.* [31] »

Ceci semble encore affirmer la possibilité d'un *unus mundus* et une unité ultime de l'énergie physique et psychique.

Il me semble que ce concept d'un Tout psycho-physique, manifestation d'une seule énergie de fond, se rencontre d'une manière frappante dans la théorie qu'a proposée David Bohm [32]. Dans sa perspective tout est en flux et tout *est* flux —

---

30. *Correspondance, ibidem* ; voir aussi l'extrait et commentaire de M. Cazenave, l.c.

31. *Synchronicité*, par. 963.

32. Cf. *Wholeness and the Implicate Order*, London 1980, *passim* et " Ordre involué-évolué de l'univers et la conscience " dans *Science et Conscience*, l.c., p. 99 sq.

une façon de voir que beaucoup d'autres physiciens partagent avec lui. Tous les objets, événements, entités, conditions, structures, etc. ne sont finalement que des formes abstraites de ce flux global[33]. Leur arrière-plan ultime est la Totalité inconnaissable de ce flux universel que Bohm appelle *holomouvement*[34]. Inséparable de ce holomouvement existe aussi le " train " de notre pensée, qui est partiellement déterminé par notre mémoire mais qui subit aussi des moments créateurs quand une énergie très intense que Bohm appelle une " énergie intelligente "[35] crée de nouvelles réalisations mentales dans ce qu'on nomme un *insight*. Ces moments créateurs re-forment tout notre être, et peut-être même les sillons gravés dans notre cerveau[36]. Le holomouvement (flux total) contient dans sa dimension matérielle, ainsi que dans notre conscience, deux ordres fondamentaux : l'un est celui d'une évolution ou d'un déploiement (*unfolding*) et l'autre celui d'une involution (*implicate*).

Ces termes de Bohm peuvent extrêmement bien s'appliquer aux idées que Jung a avancées dans le domaine de sa recherche. Les archétypes, par exemple, seraient dans ce cas des structures dynamiques et inobservables des spécimens de l'ordre impliqué. Si, au contraire, un archétype se manifeste comme image archétypale onirique, il se déploie et devient plus " évolué " ; si, ensuite, nous interprétons cette image avec la technique herméneutique de Jung (qui demande une amplification associative de l'image onirique), cette image évolue et se déploie encore plus. Si nous oublions en revanche cette réalisation consciente, elle ne se dépose pas telle quelle dans notre mémoire, mais elle est remaniée dans l'inconscient selon certains *schemata* (voir Suzanne Langer et Bartlett)[37] : elle s'involue de nouveau de ce fait, c'est-à-dire qu'elle redevient alors plutôt un hologramme qu'un ensemble de pensées, de sentiments ou d'intuitions distincts et discursifs.

33. *Wholeness*, l.c., p. 47 sq.
34. *Ibid.*, p. 49.
35. *Ibid.*, p. 61.
36. *Ibid.*, p. 149.
37. Cf. G. J. Withrow, *The Natural Philosophy of Time*, Oxford, 1980, p. 111 sq.

David Bohm dit du holomouvement qu'il est " indéfinissable " et non mesurable — en fait inconnaissable [38]; et ceci est vrai aussi pour le holomouvement du Soi (Totalité de la psyché collective). Jung a essayé néanmoins de démontrer, en analysant un petit secteur temporel d'environ 4 000 années de ce mouvement dans *Aïon* [39], où il esquisse les changements millénaires des manifestations de la psyché collective, qu'il existe un mouvement du Soi, un mouvement de rejuvénescence cyclique intérieure, qui retourne cependant au même point sur un niveau de conscience plus haut, c'est-à-dire un mouvement en forme de spirale [40]. Cette spirale ne serait toutefois elle-même à l'évidence qu'une toute petite partie spécialisée et limitée du Tout — le holomouvement psychique (du Soi) étant très certainement tout aussi inconnaissable.

Le concept jungien d'une seule énergie qui se manifesterait dans ses fréquences ralenties comme matière et dans ses fréquences plus intenses comme psyché, ressemble sous beaucoup d'aspects à l'idée du *Ch'i* des Chinois.

Selon Thou-tseu, le Ch'i « est un continuum " sans couture " de matière, de nature gazeuse, énergie matérielle universelle qui envahit tout, et dont les deux configurations principales sont le Yin et le Yang... Il tend à subir une condensation et une raréfaction partielle » [41]. Jung au contraire donne la priorité à l'aspect *psychique et spirituel* de cette énergie, qui se condenserait pour apparaître dans des étendues matérialisées.

David Bohm, lui aussi, présuppose l'existence d'un " océan d'énergie " à l'arrière-plan de l'univers, arrière-plan qui ne serait ni matériel ni psychique, mais tout à fait transcendant. " Finalement nous pourrions dire qu'il existe un fond, qui se trouve à l'arrière-plan de la matière d'une part et des profondeurs de la conscience de l'autre (...), le même arrière-plan, mais d'une dimension supérieure, parce qu'il ne peut être

38. *Wholeness*, l.c., p. 151.
39. Albin Michel, Paris, 1983.
40. *Aïon*, chap. XIV.
41. Cité de T. Izutsu, *Matière et conscience dans les philosophies orientales*, dans *Science et Conscience*, l.c., p. 353 sq., p. 365.

embrassé ni par l'une ni par l'autre "[42]. Cet arrière-plan selon Bohm transcende même tout ce qu'il appelle ordre involué et évolué. Il correspond de façon ultime exactement à la même chose que ce que Jung appelle l'*Unus Mundus*, qui se situe au-delà de la psyché objective et de la matière, et qui, lui aussi, se situe en dehors de l'espace-temps[43].

Une autre dimension où il existe peut-être plus qu'une simple analogie des concepts de la physique et de la psychologie jungienne, est celle du " savoir absolu ". En 1963, Costa de Beauregard, prenant comme point de départ les théories de l'information, a postulé l'existence d'un " infrapsychisme " coextensif avec le monde quadridimensionnel de Einstein-Minkowski, infrapsychisme qui contiendrait un savoir ou une information de " survol du Tout "[43]. Cette même idée d'un " savoir cosmique " s'impose, comme l'a déjà relevé Cazenave[45], par l'expérience réalisée du paradoxe d'Einstein-Podolski-Rosen, puisque cette expérience mène à penser que la particule B " sait " instantanément et sans transmission (subluminale du moins !) le changement qu'a subi la particule A qui lui était liée au départ — et changement imposé à la particule A par le fait même de l'observation[46]. Ce même savoir cosmique apparaît enfin dans la loi de la demi-vie de la désintégration radioactive. Chaque atome qui se décompose " sait " quand il doit le faire par rapport à l'ensemble auquel il appartient. Il n'y aurait donc pas seulement là un *ordre* total a-causal, mais cet ordre possèderait même un " savoir " d'une nature qu'il faudrait examiner de plus près.

42. Traduit de Bohm : *Issues in Physics, Psychology and Metaphysics. A conversation with John Welwood* in : The Journal of Transpersonal Psychology, vol. 12, n° 1, 1980, p. 25 sq.
    Cf. aussi David Bohm, *Insight, Knowledge, Science and Human Values* in : Education and Human Values, ed Douglas Sloan, Teachers College Press, Columbia Univ., NY-London, 1980. Je dois la connaissance de ces articles à l'amabilité du Docteur Willy Just.
    43. Voir aussi Bohm dans : *Science et Consciense*, l.c., p. 108 et spécialement p. 119.
    44. *Le Second Principe de la science du temps*, le Seuil, Paris, 1963, p. 14, 75, 80, 121, 159.
    45. Voir dans le même livre, *passim*.
    46. Bohm, *Wholeness*, l.c., p. 72.

Jung a démontré de son côté que ce que nous appellons le psyché collective possède un savoir qu'il a appelé " savoir absolu " par ce qu'il a de complètement différent du savoir de notre conscient. En citant Leibniz, Jung décrit ce savoir comme des représentations " qui consistent — ou mieux, paraissent consister — en *simulacra* sans sujet, en images " [47].

Il y a aujourd'hui un certain nombre de physiciens qui admettent quelque chose comme un *universal mind* (esprit universel), mais il existe des divergences sur la question de savoir si cet esprit serait conscient ou inconscient [48]. Jung l'appelle une " luminosité " [49], pour l'opposer à la lumière plus claire et plus définie de notre conscience. Il l'appelle aussi ailleurs un " nuage de savoir " [50]. Ce savoir semble être une *awareness*, qui d'une part embrasse une information beaucoup plus vaste que ne l'est la nôtre, mais qui manque d'autre part de précision focale et détaillée. On pourrait (mais il s'agit là d'une métaphore), comparer ce " savoir absolu " de l'univers inconscient à cette " lueur fossile " dans l'arrière-fond cosmique [51], un continuum " lumineux ", en ondes millimétriques qui se distingue cependant des " lumières " des étoiles et des soleils, qui correspondraient dans ma comparaison aux images d'un ego plus ou moins conscient.

Dans tous les concepts modernes de " proto-conscience " [52], d'*universal mind*, etc., etc., il faudrait encore préciser de beaucoup le fonctionnement et le " savoir " qu'ils semblent posséder ou non. Il me semble certain que ce savoir est d'une nature très différente de notre savoir conscient. David Bohm lui aussi parle d'une " énergie intelligente " existant dans l'ordre involué, qui nous pousserait de temps en temps à des découvertes créatrices ; mais il ne précise pas si cette intelligence est ou n'est pas de même nature que la nôtre. Il dit

47. *Synchronicité*, par. 930.

48. Cf. les remarques de Willis Harman dans : *Science et Conscience* l.c. p. 437, et de Ullman, *ibid.*, p. 235.

49. *On the Nature of the Psyche*, Coll. W., vol. 8, par. 388 ff.

50. *Ma vie*, Gallimard 1966, p. 851. Ce texte porte " brouillard diffus de savoir ", ce qui est mal traduit.

51. Voir H. Reeves, l.c., *passim*, pour la définition de cette notion.

52. Cf. R. Frétigny, *Embryologie de la connaissance*, dans *Science et Conscience*, l.c., p. 201.

seulement qu'elle est pré-conceptuelle — ce qui la rapproche certainement du " savoir absolu " de Jung.

En tout cas, les vrais symboles ne sont pas inventés par la conscience, mais révélés spontanément par l'inconscient. Les images archétypales oniriques et les images des grands mythes et des religions possèdent encore un peu par exemple de cette nature " nuageuse " du " savoir absolu " en ce qu'elles semblent toujours contenir plus que nous ne pouvons — même avec des interprétations élaborées — assimiler à nos vues conscientes. Elles gardent toujours un aspect ineffable et mystérieux qui semble nous révéler plus que nous ne pouvons effectivement savoir. S'il n'en était pas ainsi, elles ne seraient pas des symboles mais seulement des " signes " ou des métaphores linguistiques. Le " sens " d'un incident synchronistique ne se révèle lui aussi qu'à condition que nous comprenions l'événement d'une façon symbolique, et non pas seulement intellectuelle [53].

Les physiciens se méfient en général des images mythologiques et se servent exclusivement pour cette raison de symboles mathématiques. Ils sont cependant presque tous d'accord aujourd'hui pour dire que les mathématiques qu'ils emploient pour l'instant ne suffisent pas pour formaliser les découvertes les plus récentes [54]. Ils essaient toutefois très souvent d'ignorer, comme le font aussi la plupart des mathématiciens, la démonstration révolutionnaire et géniale de Kurt Gödel qui, en 1931, a démontré avec un argument impeccable et strictement logique que le fondement ultime de toutes les mathématiques est la série des nombres entiers naturels (1, 2, 3, etc.) et que cette fondation est *irrationnelle*. Elle ne se laisse pas déduire ou subsumer par des principes mathématiques ou logiques quelconques [55]. La série des nombres entiers présente un domaine de *données naturelles* qu'on devrait explorer comme telles, c'est-à-dire de la même façon que l'on étudie par exemple des animaux ou des métaux. Elle contient une infinité de constata-

53. Voir l'exemple de la *Cetonia Aurata,* dans Jung, *Synchronicité...*, par. 843 sq.

54. Bohm, Dirac, l.c.

55. M. L. von Franz, *Sens et Ordre,* traduit par Francine Perrot. La Fontaine de Pierre, 2ᵉ trim. 1981, p. 11.

tions possibles qui seraient encore à découvrir. Quelle est donc la conséquence de cette découverte ? Gödel était lui-même arrivé à la conclusion que les mathématiciens devraient retourner à une conception platonicienne du nombre (ce qui veut dire aussi pythagoricienne). Indépendamment de Gödel, Werner Heisenberg a exprimé le même postulat : que les physiciens devraient aussi retourner à l'étude des nombres dans un contexte pythagoricien. David Bohm à son tour insiste pour constater que les mathématiques actuelles ne sont plus suffisantes [56]. Il demande l'invention ou la découverte d'algèbres nouvelles [57] — non pas une algèbre du holomouvement, car celui-ci est insaisissable, mais de nouvelles sub-algèbres pour certains problèmes dits unifiés ; et il termine par ces mots : " D'une manière ultime, il se pourrait même que des sortes plus générales de mathématisations puissent devenir importantes " [58].

Sans avoir pu être informé de ces développements récents, Jung avait trébuché sur le même problème des nombres entiers, parce qu'il avait constaté que presque toutes les techniques divinatoires qui se basent sur l'idée de la synchronicité emploient les premiers nombres entiers pour établir leurs prédictions. Jung avança donc l'idée que *le nombre est un archétype d'ordre qui est en train de devenir conscient*. Il est la manifestation la plus primitive ou la plus " séminale " de toute manifestation d'un archétype ou d'un processus archétypique [59].

Comme nous voyons partout aujourd'hui plutôt des processus que des structures ou des ordres statiques, j'ai proposé d'envisager aussi les nombres sous cet angle : *comme des configurations rythmiques de l'énergie psychique* [60]. On parle parfois de nos jours entre physiciens d'une " protoconscience " dans la matière inorganique. Je proposerais donc de dire que cette proto-conscience consisterait en un " savoir

56. *Wholeness*, l.c., p. 160 sq.
57. *Ibid.*, p. 164.
58. *Ibid.*, p. 165, citation traduite par l'auteur.
59. Pour ces questions, voir M. L. von Franz, *Nombre et Temps*, passim.
60. Il s'agit là de mon idée dérivée de la pensée de Jung, mais non pas formulée par Jung lui-même.

compter ". (Cela serait un premier pas vers une plus grande
précision focale de la luminosité du " savoir absolu ", une
première individualisation dans la " lueur fossile " du savoir
diffus de l'*Unus Mundus*.) A ce que nous savons aujourd'hui,
les particules les plus élémentaires comme les quarks, les
protons, les mesons, les baryons, etc. " savent compter "; ils
se combinent en hexagones, en triplets, en octoplets, etc. Les
particules ne sauraient cependant pas compter comme nous,
mais plutôt comme un berger primitif qui, ne sachant pas
compter au-delà de trois, peut constater en un clin d'œil si son
troupeau de 137 bêtes est complet. Comme l'a postulé Kreitt-
ner, l'homme possède un " sens numérique " inconscient, et
ce serait probablement ce sens que posséderaient les particules subatomiques. A partir des nombres dans la dimension
subatomique, il y aurait alors un long chemin à suivre jusqu'au
premier être vivant unicellulaire et à sa programmation génétique qui elle aussi est numérique. Mais il semble exister des
récurrences périodiques des premiers nombres simples. Il me
semble être spécialement significatif que — par exemple —
l'ordre numérique du Yi-King, l'oracle chinois, suit les mêmes
lois numériques que le code génétique. J'ai publié ce fait la
première en 1974, mais très peu après, d'autres que moi ont
fait la même découverte[61]. L'idée était " dans l'air ", un
exemple de synchronicité !

En essayant d'étudier les nombres comme des données
irrationnelles de la nature, comme de curieux *animalia*, il m'a
semblé nécessaire de ne plus les concevoir comme des structures statiques, mais comme des configurations rythmiques de
l'énergie psychique, et j'ajouterais aujourd'hui — de l'énergie
psycho-physique. Comme un équivalent numérique de l'*Unus
Mundus*, j'ai proposé le terme de *Un-Continuum* dans lequel
tous les nombres (y compris l'unité) seraient des configurations
de rythme.

Un second aspect me semble important à étudier sur ce
point : la relation du nombre avec le Temps. Les vieux Chinois
ne considéraient pas les nombres comme des indicateurs de
quantités (ils le savaient aussi, mais n'y attachaient pas

---

61. *Nombre et Temps*, l.c., p. 26 sq.

d'importance). Pour eux, les nombres étaient plutôt des *indicateurs de qualités des phases temporelles du Tout*[62]. " Les nombres servent avant tout à figurer les formes circonstancielles de l'Unité ou plutôt du Tout. "

Dans cette perspective qualitative et temporelle des nombres il se pose, tout comme dans la perspective quantitative, le problème du continu-discontinu. (Ce que j'ai appelé le Un-continuum est pour les Chinois le nombre 11, nombre du Tao, car il est " l'un des dix ".) Entre le un et le deux, il y a le " saut " de l'impair au pair ; entre le deux et le trois, le " saut " à la première prime, et le passage vers le quatre est un " saut " au premier nombre carré, etc. La série des nombres entiers représente donc un discontinu, mais comme je l'ai démontré, elle est aussi un Un-continuum.

David Bohm a relevé pour sa part dans son propre domaine que le holomouvement partiel d'involution et d'évolution n'est pas continu, et que le continuum peut seulement être appliqué à l'ordre involué du Tout[63]. Je dirais même qu'une mathématique de *continua* ne pourrait être utilisée sans retouches et sans escamoter les valeurs infinies que pour une symbolisation de l'*Unus Mundus ;* tous les phénomènes que nous pouvons observer actuellement ont un aspect discontinu, la discontinuité ou " discrimination " étant l'essence de la conscience de l'ego.

Revenons cependant aux incidents synchronistiques et aux techniques divinatoires numériques qui en explorent le " sens ".

Jung a souligné que le " sens " est une notion transcendentale que nous ne pouvons pas définir consciemment[64], et il cite Lao-tseu et Tchouang-tseu sur l'impossibilité de concevoir ou de nommer le Tao. Le " sens " d'un phénomène synchronistique participe visiblement à la nature de ce " savoir absolu " de

    62. Voir M. Granet, *La Pensée Chinoise*, Paris 1968, p. 236, et M. L. von Franz, *Nombre et Temps*, l.c., p. 41 sq.
    63. *Science et Conscience*, l.c., p. 113, voir aussi p. 107.
    64. Cf. aussi Georges Elie Humbert, *Une pratique du Sens* dans : *Science et Conscience*, l.c., p. 217 sq.

l'inconscient qui est seulement cependant un " nuage de savoir " pour notre intelligence consciente. La réalisation du " sens " n'est donc pas une simple acquisition d'information ou celle d'une connaissance, elle est plutôt une expérience vécue qui touche le cœur tout autant que l'esprit. Elle nous semble être une illumination d'une grande clarté en même temps que quelque chose d'ineffable — une fulguration pour employer l'expression de Leibniz (qui l'emploie quant à lui pour les actes créateurs de la Monade Divine). La pensée discursive ne se révèle que très peu dans cette réalisation du sens, car le " sens ", dans le contexte dans lequel l'emploie Jung, n'est pas du tout la même chose que l'ordre de la pensée discursive qui se fonde sur un ordre mathématico-logique. La réalisation du sens est un saut quantique dans la psyché.

Le " sens " d'un événement synchronistique n'est toutefois pas identique au " savoir absolu ", car il s'y ajoute une réalisation ponctuelle et temporalisée faite par un individu conscient à un certain moment de sa vie. Une telle réalisation, qui coïncide avec l'acte de création que sont les phénomènes synchronistiques, est un *événement psychique*, un vécu dont l'essence a souvent un effet curatif ou au contraire destructif. S'il est porteur de guérison, même la plus grande souffrance devient supportable quand nous pouvons en entrevoir le sens. Le sens nous lie avec le numineux — le sens du Tout — le Tao, et nous remet pour ainsi dire à notre juste place dans ce Tout. Il nous donne un sentiment de " ce qui est juste comme il est " — une réconciliation avec la vie *et* la mort, la joie *et* la souffrance, le conflit *et* la paix. Ce n'est pas un Nirvana, un au-delà spirituel, c'est plutôt une acceptation complète de " ce qui est ". Pour Jung l'individuation et la réalisation du sens de la vie sont identiques — individuation voulant dire trouver *son* sens qui n'est rien d'autre que *sa* connexion avec le Sens universel. Il s'agit bien d'autre chose que de tout ce qu'on désigne aujourd'hui par les termes d'information, de supra-intelligence cosmique ou d'*universal mind* parce que le senti-ment, l'émotion, le Tout de la personne y sont inclus. Cette connexion soudaine et illuminative qui nous frappe dans la rencontre avec un événement synchronistique représente, Jung l'a bien décrit, une unification momentanée de deux états

psychiques : de l'état normal de notre conscience qui se meut
dans un train de pensée discursif et dans un processus
d'aperception continue qui crée notre idée du monde dit
matériel et " extérieur ", et d'une couche de profondeur où se
situe le " sens " du Tout dans la sphère du " savoir absolu ".
C'est pourquoi toute technique de divination qui opère avec le
principe de synchronicité (par exemple le *Yi King*), recom-
mande de vider d'abord le champ de la conscience pour ouvrir
pour ainsi dire la porte à une irruption de la dimension du
" sens ". C'est pourquoi les philosophes chinois insistent aussi
pour dire que, si l'on est tout à fait et constamment lié au Tao,
on n'a plus besoin de consulter le *Yi King*. En fait, Jung à la fin
de sa vie cessa d'utiliser le *Yi King* parce que, me dit-il un jour,
il " savait " toujours à l'avance ce que serait sa réponse.

Comme toute idée, celle d'un " sens " a un opposé, qui est
celle d'un non-sens (dans l'acception anglaise de *non-sense* : un
chaos absurde). Il existe des chaînes de causalité qui nous
semblent n'avoir aucun sens (comme les machines de Tin-
guely), et il existe aussi des coïncidences aléatoires qui n'ont
aucun sens. Il faut donc se garder, Jung y a insisté, de voir des
coïncidences significatives là où il n'y en a pas réellement. J'ai
montré ailleurs comme il peut y avoir là un danger pour des
personnes schizophréniques [65].

Comment donc pouvons-nous lire des messages de sens dans
les événements synchronistiques, sans tomber pour autant
dans des idées superstitieuses ou magiques absurdes ? Les
vieux alchimistes distinguaient entre une " imaginatio vera " et
une " imaginatio phantastica ", ce que Jung amplifie en
soulignant le contraste de " l'amplification nécessaire " ou de
l' " imagination disciplinée " avec l'association arbitraire [66].
Cette dernière est opérée par le moi, tandis que la première se
développe dans une ouverture au message d'une structure
archétypique qui nous " impose " pour sa part les " justes "
associations. Ce processus se démontre de la façon la plus
simple avec les structures archétypiques des nombres entiers.
La conclusion que six est un nombre parfait

---

65. *Sens et Ordre*, l.c., p. 16.
66. *Ma Vie*, l.c., p. 353.

$(1 \times 2 \times 3 = 1 + 2 + 3)$, s'impose à notre pensée consciente que nous le voulions ou non. Or, il semble exister des lois similaires pour la pensée mythique. Dans son livre *le Héros aux mille visages* [67], Joseph Campbell a bien fait ressortir les " catégories ", ou sous-mythologèmes, qui appartiennent régulièrement à la structure d'un mythe héroïque. Si un conte commence par la description d'un couple stérile ou âgé souhaitant avoir un enfant, *il est impossible* que le conte ne continue pas par le motif d'un enfant né *surnaturellement,* ou d'un enfant prodige, ou semi-divin, ou monstrueux, selon les cas. Il n'y a pas d'exception ! Ou bien : si une figure dans un conte montre des symptômes d'inflation vis-à-vis du numineux, cet être sera toujours humilié, ou puni, ou détruit — ici non plus, il n'y a pas d'exception. Dans le contexte d'un rêve, cette " logique imaginale " est plus difficile à découvrir, mais il m'est souvent arrivé qu'un analysant escamote un petit épisode à l'intérieur d'un rêve, et que je l'aie remarqué, parce qu'il m'avait semblé qu'il y avait un " trou " dans la " logique " interne du rêve. Il y a là encore beaucoup à découvrir. Il me semble pourtant qu'il n'existe certainement pas seulement des lois logico-mathématiques (engendrées par l'archétype de l'ordre que représentent les nombres), mais aussi des lois logiques particulières dans les connexions d'associations mythiques et oniriques. (Peut-être pourrait-on assigner ce phénomène à la spécialisation des deux hémisphères cérébraux.) La " juste " pensée dans le contexte mythique est celle qui suit les " implications nécessaires ", c'est alors celle qui mène le plus près de la réalisation du " sens ".

Du point de vue historique, ces deux logiques (logique mathématique et logique mythologique ou imaginale), n'ont pas toujours été séparées comme elles le sont aujourd'hui. Dans l'arithmétique de Pythagore, les nombres et les images mythiques étaient étroitement liés. De même dans le système du *Yi King.* C'est seulement la " démythologisation " progressive des mathématiques modernes qui nous a menés dans cette situation, où les sciences qui sont fondées sur des mathématiques formalisées s'opposent aux sciences humaines. C'est

67. Robert Laffont. Paris. 1979.

pourquoi le concept de synchronicité, comme proposé par Jung, est si choquant, parce qu'il réunit sur un plan supérieur les deux domaines. Avec la mathématique statistique comme elle est pratiquée aujourd'hui, il n'y a pas moyen d'approcher de la synchronicité comme l'a très justement relevé Hubert Reeves[68]. Si cela fonctionne par hasard (!), cela ne démontre rien d'autre que l'indépendance du principe de synchronicité[69]!

Les mathématiques chinoises sont à mon avis plus aptes à pouvoir nous fournir un instrument qui nous permette de nous rapprocher de ce principe élusif. Mais comment s'y prendre en principe pour étudier *expérimentalement* la synchronicité, qui est en elle-même si irrégulière et consiste en actes créateurs imprévisibles?

Les techniques numériques de divination ne prétendent pas qu'elles peuvent prédire des incidents synchronistiques en tant que tels, mais elles prétendent pouvoir prédire la *qualité générale* des phases temporelles dans lesquelles des événements synchronistiques peuvent arriver. Il y a donc peut-être quand même une possibilité que Jung a seulement esquissée à la fin de sa vie, mais qu'il n'a pas pu réaliser avant sa mort. Il avait rassemblé un groupe d'élèves qui devaient se livrer à la tâche suivante : trouver des individus dans une situation relativement cruciale (après un accident, dans le cours d'un divorce, etc.), où l'on peut soupçonner l'activation d'un archétype. Etablir ensuite un horoscope de transit, consulter le *Yi King*, le Tarot, le calendrier mexicain[70], l'oracle géomantique, les rêves avant et après l'accident, etc. — et rechercher alors si les résultats de ces techniques convergeaient ou non. Il se serait agi là d'un renversement, ou d'un procédé complémentaire à l'expérience classique des sciences modernes. Dans ces dernières on répète les mêmes types d'événements pour voir si

68. Voir dans le même livre, l.c., p. 19.
69. Il me semble que Reeves a mécompris l'argument astrologique de Jung, qu'il rejette. Or, Jung démontre lui-même que la statistique ne fonctionne pas dans ce domaine, mais qu'elle est au contraire " truquée " par la synchronicité. Il confirme donc en fin de course l'opinion propre de Reeves.
70. Pour celui-ci, voir José Zavala dans : *Science et Conscience*, l.c., p. 253.

toutes les mesures coïncident. Ici, au contraire, on observerait *un* incident avec une multitude de techniques différentes.

Michel Cazenave cite dans son étude une remarque faite par Jung dans une lettre adressée à Wolfgang Pauli au sujet de l'inconscient[71]. Si on se place dans la position d'un observateur humain, il s'agit " d'une dimension inconsciente absolue dans laquelle un nombre infini d'observateurs contemplent le même objet " ; si on essaye au contraire de le réfléchir à partir du Soi (archétype de la Totalité), il n' " y aurait en revanche qu'un seul observateur (situé dans l'inconscient collectif) qui contemplerait une infinité d'objets ".

La première position est la situation normale en science, où un grand nombre de psychologues observent par exemple (enveloppés qu'ils sont eux-mêmes par le même inconscient collectif) un phénomène psychologique identique. Cela les mène à une description convergente de ce phénomène. Le procédé complémentaire que j'ai décrit plus haut, consisterait à étudier un incident (accident) par la convergence — si elle s'avère — d'une multitude de méthodes, grâce auxquelles on tenterait de trouver ce que le Soi " pense " de cet accident particulier.

Malheureusement, le groupe choisi par Jung n'a pas continué ses études. Il faudrait donc qu'un institut avec quelques ressources en étudiants et en argent, puisse reprendre cette idée.

Les formulations généralement assez vagues des techniques divinatoires ressemblent à ces " nuages de savoir " dont se constitue, selon Jung, le " savoir absolu ". Elles ne produisent toutefois que des fragments, jamais le sens total qui reste inconnaissable. Quand il s'agit de la vie d'un individu, nous ne saurons probablement jamais d'où il vient, où il ira après sa mort, et quel est donc le sens global de son existence. Nous pouvons toutefois entrevoir avec les méthodes mentionnées, et surtout avec l'interprétation des rêves, quelques *substructures* du sens total ; nous pouvons par exemple percevoir à quelle fin un individu a épousé telle ou telle femme, à quelle fin il a subi un accident qui pourrait pourtant paraître comme le fruit du

---

71. *Correspondance*, tome 1 ; cf. Cazenave, l.c.

hasard. Dans les premiers rêves d'enfance, on trouve souvent le *pattern* (le modèle) symbolique de toute une partie de la vie d'un individu. Mais ce sont seulement là des sortes d'éclairs qui illuminent momentanément une partie du paysage nocturne — la réalisation d'un sens partiel, mais qui nous laisse deviner l'existence d'un sens bien plus vaste, quoique insaisissable par notre Moi conscient.

Avec la notion de synchronicité, la psychologie se transcende en quelque sorte elle-même en tant que science pure. Mais, comme l'a relevé Jung, chaque science fait de même dans ses sphères limites. Alors, la " science " devient une partie du processus d'individuation lui-même, et non plus une préoccupation partielle de notre intelligence consciente.

A partir de ces réflexions, je ne crois donc pas qu'on puisse insérer la notion de synchronicité dans le corpus des sciences comme elles sont aujourd'hui, mais que nous nous trouvons plutôt avec elle au seuil d'une transformation radicale de ce que peuvent être les sciences, une transformation qui ne les abolira pas, mais les mettra à leur " juste place " dans une vision du réel beaucoup plus étendue. L'acceptation générale de ce concept de synchronicité dépendra en fin de compte du Soi universel et de ses actes créatifs de synchronicité. En d'autres termes, cela dépendra de la question du savoir si les notions de synchronicité et d'individuation se situent dans le plan créateur d'une évolution générale des sciences en Occident. Ce qui me semble certain, c'est le fait que la recherche d'un sens est un problème beaucoup plus vital pour nous que la recherche de toute information partielle. " Sans la conscience réfléchie de l'homme, écrit Jung, l'univers serait une énorme machine sans signification car, dans notre domaine d'expérience, l'homme est la seule créature qui est capable d'affirmer un sens " [72].

72. *Correspondance*, tome 3, p. 494.

TABLE DES MATIÈRES

Avertissement,
par Michel Cazenave   7

Incursion dans le monde acausal,
par Hubert Reeves............................   11

Synchronicité, physique et biologie,
par Michel Cazenave   21

Synchronicité et unité du monde,
par Pierre Solié   69

La synchronicité et le fonctionnement du cerveau,
par Karl Pribam   111

L'évolution en tant que continu synchronistique,
par Hansueli F. Etter 121

Quelques réflexions sur la synchronicité,
par Marie-Louise von Franz.................... 159

« *Espaces libres* »
au format de Poche

DERNIERS TITRES PARUS

95. *Nicolas Berdiaev, ou la révolution de l'Esprit*, de M.-M. DAVY.
96. *Dernier avis avant la fin du monde*, de X. EMMANUELLI.
97. *Jésus et Bouddha*, d'O. VALLET.
98. *D'un millénaire à l'autre. La grande mutation*, collectif dir. par F. L'YVONNET.
99. *Un Juif nommé Jésus*, de M. VIDAL.
100. *Le Cercle sacré. Mémoires d'un homme-médecine sioux*, d'A. FIRE LAME DEER.
101. *Être à deux ou les traversées du couple*, collectif dir. par N. CALMÉ.
102. *La Source du bonheur*, de C. BOIRON.
103. *Une passion*, de C. SINGER.
104. *Cent prières possibles*, d'A. DUMAS. Préface d'O. ABEL.
105. *L'Art de vivre au présent*, collectif dir. par É. LE NOUVEL.
106. *Manque et plénitude*, de J.-Y. LELOUP.
107. *Le Cercle de Vie. Initiation chamanique d'une psychothérapeute*, de M. SÉJOURNANT.
108. *Le Théâtre de la guérison*, d'A. JODOROWSKY.
109. *Histoire d'âme*, de C. SINGER.
110. *L'Âme de la nature*, de R. SHELDRAKE.
111. *Au nom de la vérité, Algérie 1954-1962*, de Mgr L. É. DUVAL.
112. *L'Art du kôan zen*, de T. JYOJI. (Inédit).
113. *L'Absurde et la Grâce*, de J.-Y. LELOUP.

114. *Le Palais des arcs-en-ciel,* de T. Tcheudrak.
115. *Éloge du bon sens,* de M. de Smedt.
116. *En chemin vers le Bouddha,* d'O. Germain-Thomas.
117. *Pour comprendre l'intégrisme islamiste,* de M. Gozlan.
118. *Le Rêve de Confucius,* de J. Levi.
119. *Un art de l'attention,* de J.-Y. Leloup.
120. *Religions en dialogue,* de J. Mouttapa.
121. *Le Courage de se libérer,* de P. et P. Fenner.
122. *Histoire des Dalaï-Lamas,* de R. Barraux.
123. *Du Sahara aux Cévennes,* de P. Rabhi.
124. *Aux sources du zen,* d'A. Low.
125. *Le Curé de Nazareth,* d'H. Prolongeau.
126. *L'Évangile d'un libre penseur,* de G. Ringlet.
127. *Le Courage de vivre pour mourir,* de N. Masson-Sékiné.
128. *Quand la conscience s'éveille,* d'A. de Mello.
129. *Les Fables d'Ésope,* de J. Lacarrière.
130. *L'Esprit des arts martiaux,* d'A. Cognard.
131. *Sans les animaux, le monde ne serait pas humain,* de K. L. Matignon.
132. *L'Arc et la Flèche,* d'A. de Souzenelle.
133. *Adieu, Babylone,* de N. Kattan. Préface de M. Tournier.
134. *Le Gardien du feu,* de P. Rabhi.
135. *La Prière parallèle,* de C. Paysan.
136. *Dieu a changé d'adresse,* d'O. Vallet.
137. *La Danse de la réalité,* d'A. Jodorowsky.
138. *Le Courage de changer sa vie,* d'A. Ducrocq.
139. *Le Maître de nô,* d'A. Godel.
140. *Les Fleurs de soleil,* de S. Wiesenthal.
141. *Khalil Gibran,* de J.-P. Dahdah.
142. *Ces ondes qui tuent, ces ondes qui soignent,* de J.-P. Lentin.
143. *Les Dix Commandements intérieurs,* d'Y. Amar.

144. *Guérir l'esprit*, collectif avec J.-Y. LELOUP, F. SKALI, Lama D. TEUNDROUP.
145. *La Quête du sens*, ouvrage collectif.
146. *La Foi ou la nostalgie de l'admirable*, de B. VERGELY.
147. *Traversée en solitaire*, de M.-M. DAVY.
148. *Éloge de la fragilité*, de G. RINGLET.
149. *L'Échelle des anges*, d'A. JODOROWSKY.
150. *Petite grammaire de l'érotisme divin*, d'O. VALLET.
151. *La Troisième Voie*, de D. E. HARDING.
152. *Le Rire du tigre*, de M. de SMEDT.
153. *L'Effort et la Grâce*, de Y. AMAR.
154. *Appel à l'amour*, d'A. de MELLO.
155. *L'Homme intérieur et ses métamorphoses*, de M.-M. DAVY.
156. *Dictionnaire de la symbolique des rêves*, de G. ROMEY.
157. *Le Christianisme en accusation*, de R. RÉMOND et M. LEBOUCHER.
158. *Entre désir et renoncement*, M. de SOLEMNE avec J. KRISTEVA, R. MISRAHI, S. GERMAIN et D. RIMPOCHE.
159. *Sadhana, un chemin vers Dieu*, d'A. de MELLO.
160. *L'Amour comme un défi*, de S. ROUGIER.
161. *Du bon usage de la vie*, de B. BESRET.
162. *La Grâce de solitude*, de M. de SOLEMNE avec C. BOBIN, J.-M. BESNIER, J.-Y. LELOUP et Th. MONOD.
163. *Le Meneur de lune*, de J. BOUSQUET.
164. *Vivre l'islam*, du Cheikh K. BENTOUNÈS.
165. *Méditation et psychothérapie*, ouvrage collectif.
166. *Les Échos du silence*, de S. GERMAIN.
167. *Aimer désespérément*, M. de SOLEMNE avec A. COMTE-SPONVILLE, É. KLEIN, J.-Y. LELOUP.
168. *Entre sagesse et passions*, ouvrage collectif dir. par Alain HOUZIAUX.
169. *Écologie et spiritualité*, ouvrage collectif.

170. *L'Évangile des païens, une lecture laïque de l'évangile de Luc*, d'O. VALLET.
171. *Simone Weil, le grand passage*, sous la dir. de F. L'YVONNET.
172. *Histoires d'humour et de sagesse*, d'A. de MELLO.
173. *L'Avenir de l'homéopathie*, de C. BOIRON.
174. *Qu'Allah bénisse la France*, d'ABD AL MALIK.
175. *Soigner son âme*, de J. VIGNE.
176. *La Sagesse des contes*, d'A. JODOROWSKY.
177. *Innocence et culpabilité*, de M. de SOLEMNE avec P. RICŒUR, S. ROUGIER, PH. NAQUET et J.-Y. LELOUP.
178. *Petite méthode pour interpréter soi-même ses rêves*, d'H. RENARD.
179. *Cheminer, contempler*, de M. JOURDAN et J. VIGNE.
180. *Le Visage du vent d'est. Errances asiatiques*, de K. WHITE.
181. *Petit lexique des mots essentiels*, d'O. VALLET.
182. *Lettres sur la méditation*, de L. FREEMAN.
183. *Dix questions simples sur Dieu et la religion*, d'A. HOUZIAUX.
184. *Dix questions simples sur la vie*, d'A. HOUZIAUX.
185. *Les Nouveaux Penseurs de l'islam*, de R. BENZINE.
186. *Au dernier survivant*, du rabbin D. FARHI.
187. *Schizophrénie culturelle*, de D. SHAYEGAN.
188. *Apprendre à être heureux*, d'A. HOUZIAUX.
189. *Inventaire vagabond du bonheur*, de J. KELEN.
190. *Le Secret de l'Aigle*, de L. ANSA et H. GOUGAUD.
191. *Le Retour de l'enfant prodige*, de H. NOUWEN.
192. *Mu. Le maître et les magiciennes*, d'A. JODOROWSKY.
193. *La Conférence des oiseaux*, de J.-Cl. CARRIÈRE.
194. *Enquête au cœur de l'Être*, dir. par G.-E. HOURANT.
195. *Paroles d'Orient*, de M. de SMEDT.
196. *Les Mouvements du silence*, de G. MANZUR.

197. *Jésus, Marie-Madeleine et l'Incarnation*, de J.-Y. LELOUP.
198. *Juifs et chrétiens face au XXIᵉ siècle*, coll. dir. par P. THIBAUD.
199. *La Force de l'amour*, de Sœur CHÂN KHÔNG.
200. *Simon le Mage*, de J.-Cl. CARRIÈRE.
201. *Œdipe intérieur. La présence du Verbe dans le mythe grec*, d'A. de SOUZENELLE.
202. *Saint François d'Assise ou la puissance de l'amour*, de S. ROUGIER.
203. *Dieu versus Darwin*, de J. ARNOULD.
204. *Sagesses pour aujourd'hui*, entretiens réalisés par C. MESNAGE.
205. *Jésus, l'homme qui évangélisa Dieu*, de R. LUNEAU.
206. *Anthologie du chamanisme*, de F. HUXLEY et J. NARBY.
207. *La Roue de la médecine. Une astrologie de la Terre mère*, de S. BEAR et WABUN.
208. *Moine zen en Occident*, entretiens avec R. RECH et B. SOLT.
209. *Enquête sur la réincarnation*, dir. par P. VAN EERSEL.
210. *Une femme innombrable, le roman de Marie Madeleine*, de J.-Y. LELOUP.
211. *Sœur Emmanuelle, la chiffonnière du ciel*, de sœur SARA et G. COLLARD.
212. *S'ouvrir à la compassion*, collectif dir. par L. BASSET.
213. *Le Livre du vide médian*, de F. CHENG.
214. *Préceptes de vie de l'Abbé Pierre*, d'A. NOVARINO.
215. *Préceptes de paix des Prix Nobel*, de B. BAUDOUIN.
216. *Cheminer vers la sagesse*, de D. CHOPRA.
217. *Le Chant des profondeurs*, collectif dir. par N. NABERT.
218. *Islam et démocratie*, de F. MERNISSI.
219. *Le Harem politique*, de F. MERNISSI.
220. *Contes de la chambre de thé*, de S. de MEYRAC.

221. *Deux mille dates pour comprendre l'Église*, de M. HEIM.
222. *La Femme dans l'inconscient musulman*, de F. AÏT SABBAH.
223. *La Consolation des consolations. L'Abbé Pierre parle de la mort*, d'A. NOVARINO.
224. *La mort est une question vitale*, d'E. KÜBLER-ROSS.
225. *Les Araignées sans mémoire et autres fables paniques*, d'A. JODOROWSKY.
226. *Une spiritualité d'enfant*, collectif dir. par L. BASSET.
227. *Quel devenir pour le christianisme ?* de Mgr P. BARBARIN et L. FERRY.
228. *Thérapie de l'âme*, du Cheikh K. BENTOUNES.
229. *Cathares, la contre-enquête*, d'A. BRENON et J.-Ph de TONNAC.
230. *La Foi des démons ou l'athéisme dépassé*, de F. HADJAJ
231. *Rastenberg*, de C. SINGER.
232. *Cabaret mystique*, d'A. JODOROWSKY.
233. *Le Sens du sacré*, ouvr. coll. dir. par N. CALMÉ.
234. *À l'écoute du ciel. Bouddhisme, christianisme, islam, judaïsme*, de F. MIDAL.
235. *J'ai mal à mes ancêtres. La psychogénéalogie aujourd'hui*, de P. VAN EERSEL et C. MAILLARD.

Reproduction photomécanique
et impression CPI Bussière en mars 2012
à Saint-Amand-Montrond (Cher)
Éditions Albin Michel
22, rue Huyghens, 75014 Paris
www.albin-michel.fr
ISBN 978-2-226-07609-0
ISSN 1147-3762
N° d'édition : 09835/06. – N° d'impression : 121186/1.
Dépôt légal : janvier 1995.
Imprimé en France.